教师普通话水平提升系列教材

ZHONG-XIAOXUE JIAOSHI
PUTONGHUA YINGYONG JIAOCHENG
YINGYONG YU SHIJIAN（SHANG）

中小学教师
普通话应用教程
应用与实践（上）

田靓　主编

李琳　刘思维　编著

北京语言大学出版社
BEIJING LANGUAGE AND CULTURE
UNIVERSITY PRESS

© 2021 北京语言大学出版社，社图号 21119

图书在版编目（CIP）数据

中小学教师普通话应用教程．应用与实践．上 ／ 田
靓主编；李琳，刘思维编著．－－ 北京：北京语言大学
出版社，2021.9
ISBN 978-7-5619-5945-9

Ⅰ.①中… Ⅱ.①田… ②李… ③刘… Ⅲ.①中小学
－教师－普通话－教材 Ⅳ.① H193.2

中国版本图书馆 CIP 数据核字（2021）第 175166 号

中小学教师普通话应用教程·应用与实践（上）
ZHONG-XIAOXUE JIAOSHI PUTONGHUA YINGYONG JIAOCHENG·
YINGYONG YU SHIJIAN (SHANG)

排版制作：	北京创艺涵文化发展有限公司
责任印制：	周　燚

出版发行：**北京语言大学出版社**

社	址：	北京市海淀区学院路 15 号，100083
网	址：	www.blcup.com
电子信箱：		service@blcup.com
电	话：	编辑部　　8610-82303390
		国内发行　8610-82303650/3591/3648
		海外发行　8610-82303365/3080/3668
		北语书店　8610-82303653
		网购咨询　8610-82303908
印	刷：	北京联兴盛业印刷股份有限公司

版 次：	2021 年 9 月第 1 版		印 次：	2021 年 9 月第 1 次印刷
开 本：	787 毫米 × 1092 毫米 1/16		印 张：	8
字 数：	139 千字			
定 价：	36.00 元			

PRINTED IN CHINA

编写说明

本教程是教师普通话教学系列教材，旨在落实新时代国家通用语言文字工作的基本原则和主要目标。本教程以"普通话＋教师职业技能"为编写特色，依据《普通话水平测试实施纲要》，结合主流中小学教材及教学参考用书实例，遵循"精讲多练、练习为主、应用为重"的原则，以期实现两个基本目标：提升中小学在职教师运用国家通用语言文字有效开展教学实践的水平，培养师范学生运用国家通用语言文字进行教育教学的能力。

本教程主要适用于中小学教师及教辅人员、各级各类师范院校的在校学生，用以提升普通话职业应用能力。

● **教材架构与内容**

本教程共 3 册，包括《语音基础》《应用与实践（上）》《应用与实践（下）》。

《语音基础》共 20 个单元，以普通话语音知识为纲领，提供语音基础知识，展现发音要领与技巧，有针对性地释疑解惑，并配有丰富的练习材料。练习材料密切结合《普通话水平测试实施纲要》，具有很强的实用性。

《应用与实践》分为上、下两册，每册 10 个单元，以部编版中小学教材和教学参考用书为选材基础，精选字、词、句、篇，提供科学、多样、充足的系统练习，以高效的实践训练全面提升教师在课堂教学和教育管理工作中的普通话应用能力。

● **教材特色与理念**

本教程坚持以应用为导向的编写思路，采用"讲—练—用"一体化的编写模式，全面落实"讲练结合、以练助讲、重在实践"的编写理念。

1. 专题化视角与配套性选材

选材覆盖语文、数学、道德与法治、科学、物理、化学、地理、历史、音乐、美术等十大学科门类，兼顾小学、初中两个教学阶段，尽可能提供丰富的内容，以满足练习需求。

2. 多元化方法与靶向性练习

提供多种练习方式，以提高学习者听、读、记、辨等语音基本技能；练习内容层次清晰，靶向明确，直指中小学教学内容与教学语言，体现"精准练习、练后即用"的教学理念。

3. 模块化教学与渐进式提升

教学与练习模块设计科学，力求深入浅出地拓展语音知识，推动学习者逐渐提升发音技能，构建并完善普通话发音词典，最终能够以准确的普通话自由、通畅地表达思想。

● **期待与目标**

本教程致力于将国家通用语言文字能力与教师职业技能和综合素质提升密切结合起来，这是普通话教育教学的新领域。我们期待学习者在系统学习本教程并认真练习后能够：

——提高对普通话语音系统的认知水平；

——深入了解自己的发音优势与（方言）问题；

——有意识地监控自己的发音，不断提高普通话发音的熟练水平，直至达到自动化、无意识化；

——在教师职业生活中准确流利地使用普通话开展工作，逐步养成习惯。

● **课程安排建议**

《语音基础》和《应用与实践》配套使用，同步进行，可以根据实际情况灵活设置课程。下面提供两种参考方案。

1. 短期强化教学方案：每天 2 课时，一周 10 课时，8 周完成教学。

周次	星期一	星期二	星期三	星期四	星期五
1	第 1 课	第 1 课	第 2 课	第 2 课	第 3 课
2	第 3 课	第 4 课	第 4 课	第 5 课	第 5 课
3	第 6 课	第 6 课	第 7 课	第 7 课	第 8 课
4	第 8 课	第 9 课	第 9 课	第 10 课	第 10 课
5	第 11 课	第 11 课	第 12 课	第 12 课	第 13 课
6	第 13 课	第 14 课	第 14 课	第 15 课	第 15 课
7	第 16 课	第 16 课	第 17 课	第 17 课	第 18 课
8	第 18 课	第 19 课	第 19 课	第 20 课	考试

2.学期制教学方案：一周 4 课时，20 周完成教学。

教学周	语音基础（分册）	应用与实践（分册）
第 1～10 周	第 1～10 课（每课 1 课时）	第 1～10 课（每课 3 课时）
第 11～19 周	第 11～19 课（每课 1 课时）	第 11～19 课（每课 3 课时）
第 20 周	第 20 课（1 课时）	第 20 课（1 课时）
	期末考试（2 课时）	

● **课时安排建议**

《语音基础》与《应用与实践》配套使用，4 个课时完成一课的教学任务。

课时	所使用的教材	具体学习内容及练习项目
第 1 课时	《语音基础》	必学：知识解析、基础练习
		选学：综合练习
第 2～3 课时	《应用与实践》	必学：快速起步、精准突破、专项提升
第 4 课时		必学：综合实践之专业材料朗读、教学用语示范
		选学：综合实践之情境化任务

本教程的编写受益于教育部语用司 2020 年 4—7 月组织的针对 52 个未摘帽贫困县教师的国家通用语言文字教学能力提升在线示范培训。在编写过程中，我们得到了北京大学陆俭明教授、南开大学石锋教授的鼓励，北京语言大学张辉副教授的指导，以及北京语言大学出版社总编辑郭风岚教授的支持。

在北京语言大学出版社编辑部王静主任全力支持和统筹策划下，主创团队积极努力，2020 年 11 月底完成了初稿。其中的部分材料曾于 2020 年 10—12 月在北京语言大学支持的广西都安县教师国家通用语言文字教学能力提升培训项目中试用，获得了很好的反馈，教师和学员均提出了宝贵的修改意见和建议。此后编写组又多次进行了讨论和修改，于2021 年 4 月最终定稿。

本教程的各位编者不计回报，辛勤工作，付出了极大的心血，在此向她们表示诚挚的谢意。各位编者的具体分工如下：

刘思维、丁险峰：《中小学教师普通话应用教程·语音基础》

李琳、刘思维：《中小学教师普通话应用教程·应用与实践（上）》

沈红丹、田靓：《中小学教师普通话应用教程·应用与实践（下）》

限于编者水平，本教程难免有粗疏和不当之处，敬请使用者批评指正。

主编：田靓

2021 年 8 月

《应用与实践》分册分为上、下两册，每册 10 个单元，两册共 20 个单元。每单元包括"快速起步""精准突破""专项提升""综合实践"四个核心模块，下设若干练习板块，结合实际教学语言应用情况，提供丰富的学科领域练习资源，同时设有"自评与收获"模块。

通过本册的学习，你将能够：

——逐级掌握字、词、句的正确发音；

——准确、流利地朗读语篇；

——在教学情境中进行专业化表达；

——自主建立并同步生成个性化的发音词典。

快速起步着重单字的发音，包括三个练习板块：练耳、开口、动脑。通过听辨、朗读、探索归纳等方式，提高学习者单字发音的准确度。

精准突破着力于词语的发音，也包括三个练习板块：练耳、开口、动脑。通过听辨、朗读、探索归纳等方式，提高学习者词语发音的质量。

专项提升关注语句的发音，包括两个板块：开口、动脑。通过朗读、探索归纳等方式，训练学习者语句的流利性与发音的准确性。

综合实践突显"普通话能力＋教师职业应用"的特色，包括"专业材料朗读""教学用语示范""情境化任务"三个练习板块，提供类型多样的教学场景，帮助学习者积累实战经验，提高普通话表达的综合能力。

自评与收获旨在培养学习者自主学习的意识与习惯。通过"本课自评"和"我的发音词典"两个板块，帮助学习者巩固本课学习成果，培养元语言意识，建立并完善个性化的发音词典。

课时建议：《应用与实践》配合《语音基础》学习使用。完成《语音基础》一课后，建议用 3 课时完成本册对应课程。第 1、2 课时完成"快速起步""精准突破""专项提升"，第 3 课时完成"综合实践"。本册各个模块既相互联系又各自独立，方便教师及学习者根据实际教学情况自行组合、调整。

相信《应用与实践》会为你带来更实用的练习内容，在更真实的实践场景中，以更有效的训练方式，让你的专业领域普通话水平迈上新台阶。

编者

2021 年 8 月

目　录

课号	教学内容	教学重点	页码
第1课	a、o、e	o 和 e 的辨音	1
第2课	i、u、ü	ü 的发音要领， i 和 ü 的辨音	9
第3课	b、d、g	不送气音的发音要领	17
第4课	p、t、k	送气音的发音要领	25
第5课	b-p、d-t、g-k	送气音和不送气音的辨音	33
第6课	m、n、l	n 和 l 的辨音	42
第7课	f、h	f 和 h 的辨音	50
第8课	j、q、x	j、q、x 的发音要领， j、q、x 和 g、k、h 的辨音	58
第9课	z、c、s	z、c、s 的发音要领	66
第10课	zh、ch、sh、r	zh、ch、sh、r 的发音要领	74
录音文本及参考答案			82

第1课　a、o、e

学习目标

★ 准确听辨并正确朗读含有韵母 a、o、e 的字、词；

★ 通过归纳，自主建立含有韵母 a、o、e 的专业领域发音词典；

★ 能比较准确地说出含有韵母 a、o、e 的语句，运用于教学工作。

课前思考

在教学工作和生活中，你能想到哪些字、词含有韵母 a、o、e？

● **分组讨论**：与小组成员一起讨论上述问题。

● **成果交流**：与全班分享讨论结果，选出符合条件的字、词。

快速起步：单字

录音"码"上听

■ 练耳

听单音节字词，写出你听到的音节的韵母。

1. ＿＿＿　　2. ＿＿＿　　3. ＿＿＿　　4. ＿＿＿　　5. ＿＿＿　　6. ＿＿＿

7. ＿＿＿　　8. ＿＿＿　　9. ＿＿＿　　10. ＿＿＿　　11. ＿＿＿　　12. ＿＿＿

■ 开口

按照不同的韵母归纳下面的字，并朗读这些字。

者　　　默　　　跛　　　隔　　　搭　　　婆

科　　　爬　　　纳　　　码　　　波　　　赫

韵母是 a 的字有：＿＿＿＿＿＿＿＿＿＿＿＿＿＿＿＿＿＿＿＿＿＿

韵母是 o 的字有：＿＿＿＿＿＿＿＿＿＿＿＿＿＿＿＿＿＿＿＿＿＿

韵母是 e 的字有：＿＿＿＿＿＿＿＿＿＿＿＿＿＿＿＿＿＿＿＿＿＿

■ 动脑

记住上题中每个字的发音，并试着给每个字组两个词。

搭：_____　　爬：_____　　码：_____　　纳：_____

波：_____　　婆：_____　　跛：_____　　默：_____

科：_____　　隔：_____　　者：_____　　赫：_____

精准突破：词语

录音"码"上听

■ 练耳

一、听录音，按照你听到的顺序在词语前的方框中标出序号，并朗读这些词语。

1. □ 什么　　　□ 石墨　　　□ 磨坊　　　□ 麻纺

2. □ 纳米　　　□ 模拟　　　□ 破壳　　　□ 胳膊

3. □ 玻璃体　　□ 卡路里　　□ 罗布泊　　□ 电磁波

二、听录音，选出你听到的拼音，并把对应的选项填入括号中。

（　　）1. A bāge　　　　　B báhé　　　　　C bàkè

（　　）2. A bōluó　　　　 B pǒluo　　　　　C luóbo

（　　）3. A pǒcè　　　　　B bōzhé　　　　　C pāoshè

（　　）4. A bōli　　　　　B mòlì　　　　　C mólì

（　　）5. A cháng'é　　　 B chǎnghé　　　　C chénghuó

（　　）6. A gēpò　　　　　B gēbo　　　　　C gémó

■ 开口

一、给下列词语中的加点字标出韵母，并朗读这些词语。

1. _____　　2. _____　　3. _____　　4. _____
　　砝码　　　　　沙漠　　　　　撒播　　　　　隔热

5. _____　　6. _____　　7. _____　　8. _____
　　核辐射　　　　摩托车　　　　佛香阁　　　　测力计

9. _____　　10. _____　　11. _____　　12. _____
　　波澜壮阔　　　随声附和　　　伽马射线　　　和颜悦色

二、朗读下列词语，注意每组词语之间的发音差别。

1. A 八哥　　　　　B 拔河　　　　　C 罢课
2. A 菠萝　　　　　B 筐箩　　　　　C 萝卜
3. A 巨测　　　　　B 波折　　　　　C 抛射
4. A 玻璃　　　　　B 茉莉　　　　　C 磨砺
5. A 嫦娥　　　　　B 场合　　　　　C 成活
6. A 割破　　　　　B 胳膊　　　　　C 膈膜

动脑

一、按照不同的韵母归纳下面的词语，并记住它们的发音。

成活　　茉莉　　抛射　　萝卜　　巨测　　拔河　　胳膊　　玻璃　　嫦娥

膈膜　　筐箩　　磨砺　　波折　　罢课　　八哥　　场合　　菠萝　　割破

含有韵母 a 的词语有：_____

含有韵母 o 的词语有：_____

含有韵母 e 的词语有：_____

二、找出每组中韵母组合模式相同的词语，小组讨论后，再写出三个韵母组合模式相同的词语。

例1：折磨　胳膊　热播　车模　刻薄　博得

韵母组合模式相同的词语有：折磨、胳膊、热播、车模、刻薄

符合该组合模式的词语还有：河伯、膈膜、磕破

提示：本组词语只有"博得"的韵母组合模式为"-o-e"，其他词语的韵母组合模式都是"-e-o"。

例2：或者　这些　河流　可以　得到　特别

韵母组合模式相同的词语有：这些、河流、可以、得到、特别

符合该组合模式的词语还有：射箭、乐趣、隔壁

提示：本组词语只有"或者"是第二个音节的韵母为"e"，其他词语都是第一个音节的韵母为"e"。

1. 拨号　模型　坡度　默算　期末　铂金

韵母组合模式相同的词语有：_____

符合该组合模式的词语还有：_____

2. 液态　测量　热值　折射　色光　割线

韵母组合模式相同的词语有：_____

符合该组合模式的词语还有：_____

3. 甘蔗　　约莫　　多么　　吆喝　　炎热　　集合

韵母组合模式相同的词语有：_____

符合该组合模式的词语还有：_____

4. 瘠薄　　淡漠　　锡箔　　偏颇　　上颌　　埋没

韵母组合模式相同的词语有：_____

符合该组合模式的词语还有：_____

5. 磨合　　舍得　　莫测　　薄荷　　波折　　伯乐

韵母组合模式相同的词语有：_____

符合该组合模式的词语还有：_____

6. 车辙　　膈膜　　折射　　隔热　　色泽　　合格

韵母组合模式相同的词语有：_____

符合该组合模式的词语还有：_____

专项提升：语句

录音"码"上听

开口

选择与下列短语或句子中的加点字对应的拼音，把选项填入括号中，并朗读这些短语或句子。

（　　）1. 用喷壶模拟降雨

　　　　A mónǐ　　　　　　　B móunǐ　　　　　　　C múnǐ

（　　）2. 什么时候

　　　　A shénmo　　　　　B shénmò　　　　　　C shénme

（　　）3. 路透社斯德哥尔摩 10 日电

　　　　A Sīdégē'ěrmó　　B Sīdégē'érmé　　　C Shīdégē'ěrmō

（　　）4. 每个人被迫着发出最后的吼声。

　　　　A bèipòzhe　　　　B bèipòzhuo　　　　　C bèipòze

（　　）5. 额定电流是指电能表能长期安全工作的最大电流。

　　　　A nédìng　　　　　B ódìng　　　　　　　C édìng

（　　）6. 蒲公英在夜晚和阴天闭合。

　　　　A bìhuó　　　　　　B bìhe　　　　　　　　C bìhé

动脑

朗读下列句子，并按照每题的要求找出相应的字，注意这些字的读音。（重复的字只写一遍）

1. 插、拔插头时，要用手握住插头的绝缘体部分。
韵母是 a 的字有：＿＿＿＿＿＿＿＿＿＿＿＿＿＿＿＿＿＿＿＿＿＿＿

2. 它有极强的生命力，磨折不了，压迫不倒。
韵母是 o 的字有：＿＿＿＿＿＿＿＿＿＿＿＿＿＿＿＿＿＿＿＿＿＿＿

3. 氢氧化钠也称苛性钠。
韵母是 e 的字有：＿＿＿＿＿＿＿＿＿＿＿＿＿＿＿＿＿＿＿＿＿＿＿

4. 他大约只是觉得苦，却又形容不出，沉默了片时，便拿起烟管来默默地吸烟了。
韵母是 a 的字有：＿＿＿＿＿＿＿＿＿＿＿＿＿＿＿＿＿＿＿＿＿＿＿
韵母是 o 的字有：＿＿＿＿＿＿＿＿＿＿＿＿＿＿＿＿＿＿＿＿＿＿＿
韵母是 e 的字有：＿＿＿＿＿＿＿＿＿＿＿＿＿＿＿＿＿＿＿＿＿＿＿

5. 喀斯特湖是由喀斯特作用所形成的洼地积水而成的湖泊。
韵母是 a 的字有：＿＿＿＿＿＿＿＿＿＿＿＿＿＿＿＿＿＿＿＿＿＿＿
韵母是 o 的字有：＿＿＿＿＿＿＿＿＿＿＿＿＿＿＿＿＿＿＿＿＿＿＿
韵母是 e 的字有：＿＿＿＿＿＿＿＿＿＿＿＿＿＿＿＿＿＿＿＿＿＿＿

6. 闪电是一种大气放电现象，它使空气急速热膨胀，形成冲击波，也就是雷声。
韵母是 a 的字有：＿＿＿＿＿＿＿＿＿＿＿＿＿＿＿＿＿＿＿＿＿＿＿
韵母是 o 的字有：＿＿＿＿＿＿＿＿＿＿＿＿＿＿＿＿＿＿＿＿＿＿＿
韵母是 e 的字有：＿＿＿＿＿＿＿＿＿＿＿＿＿＿＿＿＿＿＿＿＿＿＿

综合实践：语篇

录音"码"上听

综合实践一：专业材料朗读

材料一

　　"水墨练习"是中国画学习的初始课。教师可以播放《小蝌蚪找妈妈》《鹿铃》等水墨动画片激发学生的学习兴趣；通过水墨造型游戏，让学生了解和掌握笔墨特点。教学时切莫急于求成，也切莫讲解过深。要放手让学生用毛笔蘸上墨色在宣纸上大胆勾抹，让学生多摸索，多尝试，多参与，多感受。

（改写自人教版《教师教学用书·美术四年级上册》第 29 ～ 30 页）

一、朗读上面的材料，找出材料中含有韵母 ɑ、o、e 的词语，分别填入表格中的相应位置，并记住这些词语。（重复的词语只写一遍）

ɑ	o	e

二、朗读下面的目标句，录音，提交给教师并获得反馈。完成朗读测评记录表。
目标句：通过水墨造型游戏，让学生了解和掌握笔墨特点。

朗读测评记录表

次数	成绩	记录
我读了____遍。	我的成绩是____分。	我需要注意_____的发音。

材料二

声音通过空气传播到我们的耳中，耳是怎样使我们听到声音的呢？第一步，观察耳朵的结构图。人的外耳、中耳和内耳主要有什么作用？把预测记录下来。第二步，用纸卷一个"喇叭"，用这个纸喇叭听一听微弱的声音；拿掉纸喇叭，再听一听。两次听到的声音有什么不同？第三步，模拟鼓膜的振动。在"鼓膜"的上面放少量细沙或碎纸屑，用音叉等能发声的物体，在"鼓膜"的上方制造强弱不同和远近不同的声音。观察"鼓膜"是否发生振动，并在记录表中记录观察结果。

（选自教科版《科学·四年级上册》第 9 ～ 10 页）

一、朗读上面的材料，找出材料中含有韵母 ɑ、o、e 的词语，分别填入表格中的相应位置，并记住这些词语。（重复的词语只写一遍）

ɑ	o	e

二、两人一组，互相朗读给对方听，并完成朗读互评记录表。

朗读互评记录表

评分项	成绩[1]			
他 / 她的发音很准确。	A	B	C	D
他 / 她读得很流利。	A	B	C	D
他 / 她的语速很合适。	A	B	C	D

三、想一想，你所教的学科中还有哪些语篇中含有韵母 α、o、e 的字、词比较多，
　　找出来，分享给同学们，一起朗读。

综合实践二：教学用语示范

一、试着自然流利地读出下面的教学用语示例，注意那些含有韵母 α、o、e 的字
　　或词语，然后边听录音边修正自己的发音。

　　1.《小蝌蚪找妈妈》跟平时看的动画片有什么不一样？

　　2. 这么漂亮的水墨画，是用什么工具画出来的？

　　3. 用毛笔蘸上墨汁，分别滴在宣纸和普通白纸上，看看有什么区别。

　　4. 用手轻轻触摸这些还在发声的物体，你有什么感觉？

　　5. 轻轻弹拨皮筋，皮筋能不能发出声音？

　　6. 描述你观察到的现象，你认为模拟实验中的"风"是如何形成的？

二、想一想，你所教的学科中还有哪些用语含有韵母 α、o、e，记录在下面的横
　　线上，与同学们分组交流。

　　1. _____

　　2. _____

　　3. _____

---

[1] A 表示最高等级，D 表示最低等级。

综合实践三：情境化任务

从下面的教学情境中选择一个，说一说你的想法。可以参考本课学习的内容，并和老师或者小组中的同学交流。表达时要特别注意那些含有韵母 a、o、e 的字或词语的发音。

情境一

  教师应如何上好中国画入门课，使学生对中国画建立起初步的印象？（建议参考朗读材料一做自由表述）

情境二

  作为教师，你该如何带着学生一起探索"我们是怎样听到声音的"？（建议参考朗读材料二做自由表述）

自评与收获

本课自评

是否完成本课所有练习	□ 全部完成	□ 完成大部分	□ 完成小部分
对学习成果是否满意	□ 非常满意	□ 满意	□ 不太满意

我的发音词典之 a、o、e

重点、难点内容	字：
	词：
	句：
我觉得自己发音发得不错的内容	字：
	词：
	句：
我觉得自己还没有完全掌握的内容	字：
	词：
	句：

第 2 课　i、u、ü

学习目标

★ 准确听辨并正确朗读含有韵母 i、u、ü 的字、词；

★ 通过归纳，自主建立含有韵母 i、u、ü 的专业领域发音词典；

★ 能比较准确地说出含有韵母 i、u、ü 的语句，运用于教学工作。

课前思考

在教学工作和生活中，你能想到哪些字、词含有韵母 i、u、ü？

● **分组讨论**：与小组成员一起讨论上述问题。

● **成果交流**：与全班分享讨论结果，选出符合条件的字、词。

快速起步：单字

录音"码"上听

练耳

听单音节字词，写出你听到的音节的韵母。

1. ＿＿＿　　2. ＿＿＿　　3. ＿＿＿　　4. ＿＿＿　　5. ＿＿＿　　6. ＿＿＿

7. ＿＿＿　　8. ＿＿＿　　9. ＿＿＿　　10. ＿＿＿　　11. ＿＿＿　　12. ＿＿＿

开口

按照不同的韵母归纳下面的字，并朗读这些字。

| 读 | 溺 | 许 | 锡 | 祈 | 滤 |
| 入 | 居 | 体 | 污 | 余 | 普 |

韵母是 i 的字有：＿＿＿＿＿＿＿＿＿＿＿＿＿＿＿＿＿＿＿＿＿＿＿＿＿

韵母是 u 的字有：＿＿＿＿＿＿＿＿＿＿＿＿＿＿＿＿＿＿＿＿＿＿＿＿＿

韵母是 ü 的字有：＿＿＿＿＿＿＿＿＿＿＿＿＿＿＿＿＿＿＿＿＿＿＿＿＿

动脑

记住上题中每个字的发音，并试着给每个字组两个词。

锡：_____ _____　　祈：_____ _____　　体：_____ _____　　溺：_____ _____

污：_____ _____　　读：_____ _____　　普：_____ _____　　入：_____ _____

居：_____ _____　　余：_____ _____　　许：_____ _____　　滤：_____ _____

精准突破：词语

录音"码"上听

练耳

一、听录音，按照你听到的顺序在词语前的方框中标出序号，并朗读这些词语。

1. □ 集市　　　　□ 旗帜　　　　□ 拘束　　　　□ 虚浮

2. □ 正数　　　　□ 生物　　　　□ 绮丽　　　　□ 依据

3. □ 记忆　　　　□ 鲫鱼　　　　□ 距离　　　　□ 七律

二、听录音，选出你听到的拼音，并把对应的选项填入括号中。

（　　）1. A lǐmǐ　　　　　　B yǐmí　　　　　　C lǔmó

（　　）2. A sīlù　　　　　　B jíqǔ　　　　　　C shīlù

（　　）3. A jùxī　　　　　　B qīxī　　　　　　C jīxí

（　　）4. A jiǎrú　　　　　　B jiàyù　　　　　　C jiārù

（　　）5. A lìlù　　　　　　B lìlù　　　　　　C lǐyú

（　　）6. A wūní　　　　　　B yūní　　　　　　C yǐnǐ

开口

一、给下列词语中的加点字标出韵母，并朗读这些词语。

1. _____　　　2. _____　　　3. _____　　　4. _____

　　贮藏　　　　　　　和煦　　　　　　　魁梧　　　　　　　曲线

5. _____　　　6. _____　　　7. _____　　　8. _____

　　积雨云　　　　　无机盐　　　　　宇航服　　　　　子午线

9. _____　　　10. _____　　　11. _____　　　12. _____

　栩栩如生　　　　出乎意料　　　　内陆水域　　　　气象预报

二、朗读下列词语，注意每组词语之间的发音差别。

1. A 厘米　　　　　 B 乙醚　　　　　 C 铝膜

2. A 思虑　　　　　 B 汲取　　　　　 C 诗律

3. A 巨蜥　　　　　 B 栖息　　　　　 C 积习

4. A 假如　　　　　 B 驾驭　　　　　 C 加入

5. A 利禄　　　　　 B 利率　　　　　 C 鲤鱼

6. A 污泥　　　　　 B 淤泥　　　　　 C 旖旎

▌动脑

一、按照不同的韵母归纳下面的词语，并记住它们的发音。

加入　　利率　　厘米　　假如　　污泥　　栖息　　驾驭　　铝膜　　思虑

鲤鱼　　巨蜥　　汲取　　诗律　　积习　　利禄　　淤泥　　乙醚　　旖旎

含有韵母 i 的词语有：_____

含有韵母 u 的词语有：_____

含有韵母 ü 的词语有：_____

二、找出每组中韵母组合模式相同的词语，小组讨论后，再写出三个韵母组合模式相同的词语。

1. 物体　　布局　　数据　　除去　　速率　　苜蓿

韵母组合模式相同的词语有：_____

符合该组合模式的词语还有：_____

2. 杜甫　　祝福　　读书　　屋宇　　鼓舞　　酷暑

韵母组合模式相同的词语有：_____

符合该组合模式的词语还有：_____

3. 密度　　无意　　吸附　　低估　　系数　　底部

韵母组合模式相同的词语有：_____

符合该组合模式的词语还有：_____

4. 吸取　　崎岖　　比喻　　戏剧　　聚集　　寄居

韵母组合模式相同的词语有：_____

符合该组合模式的词语还有：_____

5. 初级　　处理　　鼻涕　　肚皮　　浮力　　固体

韵母组合模式相同的词语有：_____

符合该组合模式的词语还有：_____

6. 拮据　　觇舰　　陆续　　赋予　　谋取　　辑录

韵母组合模式相同的词语有：_____

符合该组合模式的词语还有：_____

专项提升：语句

录音"码"上听

开口

选择与下列短语或句子中的加点字对应的拼音，把选项填入括号中，并朗读这些短语或句子。

（　　）1. 在湖里无拘无束地游泳

　　　A wújī-wúshù　　　　　　　B wújū-wúshù　　　　　　　C wújū-wúxù

（　　）2. 我们要防止一氧化碳中毒。

　　　A yīyǎnghuàtàn　　　　　　B yīyǎnghuàdàn　　　　　　C yìyǎnghuàtàn

（　　）3. 如今重游故地，不免唏嘘。

　　　A búmiǎn qīxū　　　　　　B bùmiǎn xīxū　　　　　　　C bùmiǎn xīhū

（　　）4. 岂因祸福避趋之

　　　A bì qī　　　　　　　　　B bì qū　　　　　　　　　　C pì qū

（　　）5. 依据不同的参照物观察，我们看到的物体的运动状态可能不同。

　　　A yūjù　　　　　　　　　B yījì　　　　　　　　　　C yījù

（　　）6. 我国中药研究工作者从这种植物身上提取出一种神奇的物质——青蒿素。

　　　A túqǔ　　　　　　　　　B tíqǔ　　　　　　　　　　C tíqǐ

动脑

朗读下列短语或句子，并按照每题的要求找出相应的字，注意这些字的读音。（重复的字只写一遍）

1. 己所不欲，勿施于人。

韵母是 i 的字有：_____

2. 其实它不属于鱼类，而是哺乳动物。

韵母是 u 的字有：_____

3. 子规声里雨如烟

韵母是 ü 的字有：_____

4. 经常参加体育锻炼，可以增强呼吸功能，保持身体健康。

韵母是 i 的字有：_____

韵母是 u 的字有：_____

韵母是 ü 的字有：_____

5. 时光飞逝，如白驹过隙，转眼二十年过去，她的鬓边终于也见到了白发。

韵母是 i 的字有：_____

韵母是 u 的字有：_____

韵母是 ü 的字有：_____

6. 氯气支持燃烧，许多物质都可在氯气中燃烧（除少数物质，如碳单质）。

韵母是 i 的字有：_____

韵母是 u 的字有：_____

韵母是 ü 的字有：_____

综合实践：语篇

录音"码"上听

综合实践一：专业材料朗读

材料一

　　如果将发声体的振动规律记录下来，需要时再让物体按照记录下来的振动规律去振动，就能发出和原来一样的声音，如早期用机械唱片记录声音。随着技术的发展，人们还发明了用磁带、激光唱盘和存储卡等记录声音的方法。

（改写自《中学教材全解·八年级物理上册》第 40 页）

一、朗读上面的材料，找出材料中含有韵母 i、u、ü 的词语，分别填入表格中的相应位置，并记住这些词语。（重复的词语只写一遍）

i	u	ü

二、朗读下面的目标句，录音，提交给教师并获得反馈。完成朗读测评记录表。

目标句：如果将发声体的振动规律记录下来，需要时再让物体按照记录下来的振动规律去振动，就能发出和原来一样的声音。

朗读测评记录表

次数	成绩	记录
我读了____遍。	我的成绩是____分。	我需要注意_____的发音。

材料二

　　云南民俗也深受高原地形的影响，高原四周地形破碎，山道崎岖。在交通运输不发达的年代，云南流传着"袖珍小马有能耐，火车没有汽车快"的说法。此外，这里多石林、溶洞。彝族和苗族的青年男女聚会在石林间、溶洞前，伴着明快的芦笙，联袂把臂，翩翩起舞，构成一幅绚丽多姿的民俗画卷。

（节选自人教版《地理·八年级上册》第 24 页）

一、朗读上面的材料，找出材料中含有韵母 i、u、ü 的词语，分别填入表格中的相应位置，并记住这些词语。（重复的词语只写一遍）

i	u	ü

二、两人一组，互相朗读给对方听，并完成朗读互评记录表。

朗读互评记录表

评分项	成绩
他 / 她的发音很准确。	A　　B　　C　　D
他 / 她读得很流利。	A　　B　　C　　D
他 / 她的语速很合适。	A　　B　　C　　D

三、想一想，你所教的学科中还有哪些语篇中含有韵母 i、u、ü 的字、词比较多，找出来，分享给同学们，一起朗读。

综合实践二：教学用语示范

一、试着自然流利地读出下面的教学用语示例，注意那些含有韵母 i、u、ü 的字或词语，然后边听录音边修正自己的发音。

1. 哪位同学可以说一说，我们怎么记录声音？
2. 同学们，谁家里有早期的机械唱片？
3. 请大家务必回家找一找，家里有没有磁带或者激光唱片等材料，有的话明天上课带来。
4. 我国不同区域的地形特点有什么不同？地形特点与民俗习惯有什么联系？
5. 你知道哪些有关民俗或传统习惯的俗语或谚语？
6. 在你所居住地区的民歌歌词中，有哪些与风景地貌有关的描述？

二、想一想，你所教的学科中还有哪些用语含有韵母 i、u、ü，记录在下面的横线上，与同学们分组交流。

1. _____
2. _____
3. _____

综合实践三：情境化任务

从下面的教学情境中选择一个，说一说你的想法。可以参考本课学习的内容，并和老师或者小组中的同学交流。表达时要特别注意那些含有韵母 i、u、ü 的字或词语的发音。

情境一

　　如果有学生问有什么方法可以记录声音，你将如何简单地回答？（建议参考朗读材料一做自由表述）

情境二

　　在地理课上，教师应如何引导学生通过课本上的内容描述，了解、总结、归纳某个地区的地形特点和民俗？（建议参考朗读材料二做自由表述）

自评与收获

▌本课自评

是否完成本课所有练习	□ 全部完成	□ 完成大部分	□ 完成小部分
对学习成果是否满意	□ 非常满意	□ 满意	□ 不太满意

▌我的发音词典之 i、u、ü

重点、难点内容	字：
	词：
	句：
我觉得自己发音发得不错的内容	字：
	词：
	句：
我觉得自己还没有完全掌握的内容	字：
	词：
	句：

第 3 课　b、d、g

学习目标

★ 准确听辨并正确朗读含有声母 b、d、g 的字、词；

★ 通过归纳，自主建立含有声母 b、d、g 的专业领域发音词典；

★ 能比较准确地说出含有声母 b、d、g 的语句，运用于教学工作。

课前思考

在教学工作和生活中，你能想到哪些字、词含有声母 b、d、g？

● **分组讨论**：与小组成员一起讨论上述问题。

● **成果交流**：与全班分享讨论结果，选出符合条件的字、词。

快速起步：单字

录音"码"上听

练耳

听单音节字词，写出你听到的音节的声母。

1.＿＿　　2.＿＿　　3.＿＿　　4.＿＿　　5.＿＿　　6.＿＿

7.＿＿　　8.＿＿　　9.＿＿　　10.＿＿　　11.＿＿　　12.＿＿

开口

按照不同的声母归纳下面的字，并朗读这些字。

滴	动	逆	甘	构	别
汞	德	冰	碘	扁	格

声母是 b 的字有：＿＿＿＿＿＿＿＿＿＿＿＿＿＿＿＿＿＿＿＿

声母是 d 的字有：＿＿＿＿＿＿＿＿＿＿＿＿＿＿＿＿＿＿＿＿

声母是 g 的字有：＿＿＿＿＿＿＿＿＿＿＿＿＿＿＿＿＿＿＿＿

■ 动脑

记住上题中每个字的发音，并试着给每个字组两个词。

冰：_____ _____　别：_____ _____　扁：_____ _____　迸：_____ _____

滴：_____ _____　德：_____ _____　碘：_____ _____　动：_____ _____

甘：_____ _____　格：_____ _____　汞：_____ _____　构：_____ _____

精准突破：词语

录音"码"上听

■ 练耳

一、听录音，按照你听到的顺序在词语前的方框中标出序号，并朗读这些词语。

1. □ 别针　　□ 编程　　□ 概率　　□ 光缆

2. □ 电阻　　□ 单质　　□ 鬓边　　□ 弊病

3. □ 颠簸　　□ 淡薄　　□ 别人　　□ 辨认

二、听录音，选出你听到的拼音，并把对应的选项填入括号中。

（　　）1. A duàndiàn　　　B duāndiǎn　　　C guāndiǎn

（　　）2. A bǐngwán　　　B bōwén　　　C bìguǎn

（　　）3. A bógū　　　B búguò　　　C bāoguǒ

（　　）4. A gébì　　　B gēbo　　　C gēbì

（　　）5. A yǒngdòng　　　B yīndiào　　　C yuándiǎn

（　　）6. A bìbō　　　B bīpò　　　C pībó

■ 开口

一、给下列词语中的加点字标出声母，并朗读这些词语。

1. _____　　2. _____　　3. _____　　4. _____

　　干燥　　　　　　冰雹　　　　　　疙瘩　　　　　　顶点

5. _____　　6. _____　　7. _____　　8. _____

　白细胞　　　　　多边形　　　　　胆固醇　　　　　高八度

9. _____　　10. _____　　11. _____　　12. _____

　孤苦伶仃　　　　勾股定理　　　　暴露无遗　　　　古都风貌

二、朗读下列词语，注意每组词语之间的发音差别。

1. A 断电　　　　　　　B 端点　　　　　　　C 观点
2. A 丙烷　　　　　　　B 波纹　　　　　　　C 闭馆
3. A 鹁鸪　　　　　　　B 不过　　　　　　　C 包裹
4. A 隔壁　　　　　　　B 胳膊　　　　　　　C 戈壁
5. A 涌动　　　　　　　B 音调　　　　　　　C 原点
6. A 碧波　　　　　　　B 逼迫　　　　　　　C 批驳

动脑

一、按照不同的声母归纳下面的词语，并记住它们的发音。

鹁鸪　　原点　　闭馆　　波纹　　观点　　涌动　　戈壁　　音调　　批驳
丙烷　　断电　　包裹　　隔壁　　逼迫　　胳膊　　碧波　　不过　　端点

含有声母 b 的词语有：_____

含有声母 d 的词语有：_____

含有声母 g 的词语有：_____

二、找出每组中声母组合模式相同的词语，小组讨论后，再写出三个声母组合模式相同的词语。

1. 隔热　　光速　　钩码　　滚动　　求根　　过滤

声母组合模式相同的词语有：_____

符合该组合模式的词语还有：_____

2. 导弹　　顶点　　电动　　地带　　地壳　　导电

声母组合模式相同的词语有：_____

符合该组合模式的词语还有：_____

3. 对比　　代表　　打扮　　躲避　　博大　　独白

声母组合模式相同的词语有：_____

符合该组合模式的词语还有：_____

4. 江皋　　调羹　　麦秆　　枯槁　　田埂　　门槛

声母组合模式相同的词语有：_____

符合该组合模式的词语还有：_____

5. 冬瓜　　滴管　　稻谷　　导体　　单杠　　灯光

声母组合模式相同的词语有：_____

符合该组合模式的词语还有：_____

6. 抵挡　　遁词　　跌宕　　利弊　　敦促　　陡壁

声母组合模式相同的词语有：_____

符合该组合模式的词语还有：_____

专项提升：语句

录音"码"上听

开口 😮

选择与下列短语或句子中的加点字对应的拼音，把选项填入括号中，并朗读这些短语或句子。

（　　）1. 挑拨离间

　　　　A tiǎobō líjiàn　　　　B tiǎopō líjiàn　　　　C tiǎobá líjiān

（　　）2. 大气压不是固定不变的。

　　　　A gùdì　　　　　　　B gùdìn　　　　　　　C gùdìng

（　　）3. 环保搭档——用旧画报做小笔帽

　　　　A tādàng　　　　　　B dādǎng　　　　　　C dādàng

（　　）4. 人的呼吸器官主要由鼻腔、气管、肺等构成。

　　　　A píqiāng　　　　　　B bíqiāng　　　　　　C bǐqiāng

（　　）5. 可见平凡单调，只是懒惰者之遁词。既已不平凡不单调了，又何须乎创造。

　　　　A dándiào　　　　　　B dāntiáo　　　　　　C dāndiào

（　　）6. 圭表是利用正午表影长短来推算二十四节气及回归年长度的仪器。

　　　　A gēibiǎo　　　　　　B guībiǎo　　　　　　C wābiǎo

动脑 💡

朗读下列句子，并按照每题的要求找出相应的字，注意这些字的读音。（重复的字只写一遍）

1. 我家的表叔数不清，没有大事不登门。

声母是 b 的字有：_____

2. 我有年轻舵手的心，在大地风雨的海上。

声母是 d 的字有：_____

3. 硅光电池是一种直接把光能转换成电能的半导体器件。

声母是 g 的字有：_____

4. 国际单位制是现时世界上最普遍采用的标准度量衡单位系统。

声母是 b 的字有：_____

声母是 d 的字有：_____

声母是 g 的字有：_____

5. 深蓝的天空中挂着一轮圆月，下面是海边的沙地，都种着一望无际的碧绿的西瓜。

声母是 b 的字有：_____

声母是 d 的字有：_____

声母是 g 的字有：_____

6. 水生贝壳类，动物的肝、肾和其他内脏中含有大量的胆固醇和脂肪。

声母是 b 的字有：_____

声母是 d 的字有：_____

声母是 g 的字有：_____

综合实践：语篇

录音"码"上听

综合实践一：专业材料朗读

材料一

　　人体中的各个系统只有正常运转，各负其责，才能保证人体健康，并且完成各项工作。同学们比较容易得呼吸道疾病，如气管炎。如果加强体育锻炼，讲究卫生，我们就会少得病。此外，经常参加体育锻炼，还能使我们的骨头长得又长又粗又坚固，关节变得灵活、牢固，肌肉变得收缩有力。除了锻炼，同学们还要注意保护消化系统，要注意合理饮食。一是不要大量进食动物脂肪和蛋白质，以防胆固醇和脂肪过量；二是少食奶油、甜食；三是多吃蔬菜、水果和豆类等；四是吃饭要定时定量，少吃零食。另外，饮食卫生也必须十分注意。

（改写自人教版《科学·六年级上册》第34～35页）

一、朗读上面的材料，找出材料中含有声母 b、d、g 的词语，分别填入表格中的相应位置，并记住这些词语。（重复的词语只写一遍）

b	d	g

二、朗读下面的目标句，录音，提交给教师并获得反馈。完成朗读测评记录表。

目标句：经常参加体育锻炼，还能使我们的骨头长得又长又粗又坚固，关节变得灵活、牢固，肌肉变得收缩有力。

朗读测评记录表

次数	成绩	记录
我读了____遍。	我的成绩是____分。	我需要注意_____的发音。

材料二

何大学问人高马大，膀阔腰圆，面如重枣，浓眉朗目，一副关公相貌。年轻的时候，当过义和团，会耍大刀，拳脚上也有两下子。以后，他给地主家当赶车把式，会摆弄牲口，打一手好鞭花。他这个人好说大话，自吹站在通州东门外的北运河头，抽一个响脆的鞭花，借着水音，天津海河边上都震耳朵。他又好喝酒，脾气大，爱打抱不平，为朋友敢两肋插刀，所以在哪一个地主家都待不长。于是，他就改了行，给牲口贩子赶马；一年有七八个月出入古北口，往返于塞外和通州骡马大市之间，奔走在长城内外的古驿道上。几百匹野马，在他那一杆大鞭的管束下，乖乖地像一群温驯的绵羊。沿路的偷马贼，一听见他的鞭花在山谷间回响，急忙四散奔逃，躲他远远的。所以，他不但是赶马的，还是保镖的，牲口贩子都抢着雇他。这一来，他的架子大了，不三顾茅庐，他是不出山的；至于脚钱多少，倒在其次，要的就是刘皇叔那样的礼贤下士。

（节选自部编人教版《语文·九年级下册》第 37 页）

一、朗读上面的材料，找出材料中含有声母 b、d、g 的词语，分别填入表格中的相应位置，并记住这些词语。（重复的词语只写一遍）

b	d	g

二、两人一组，互相朗读给对方听，并完成朗读互评记录表。

朗读互评记录表

评分项	成绩			
他 / 她的发音很准确。	A	B	C	D
他 / 她读得很流利。	A	B	C	D
他 / 她的语速很合适。	A	B	C	D

三、想一想，你所教的学科中还有哪些语篇中含有声母 b、d、g 的字、词比较多，找出来，分享给同学们，一起朗读。

综合实践二：教学用语示范

一、试着自然流利地读出下面的教学用语示例，注意那些含有声母 b、d、g 的字或词语，然后边听录音边修正自己的发音。

1. 你都知道哪些呼吸道疾病？

2. 哪些食物中含有较高的蛋白质和胆固醇？

3. 根据自己和家人的饮食习惯，制订一个定时定量饮食的计划。

4. 课文中主要描写的两个对象是谁？他们两人有什么鲜明的性格特征？

5. 作者用了哪些肖像、动作和语言描写来表现人物性格？请画出相关语句，并体会其作用。

6. 用外号概括人物性格特点，是我国古典小说常见的表现手法。请你找一找，文中哪些人物有外号，体现了他们什么样的性格特征。

二、想一想，你所教的学科中还有哪些用语含有声母 b、d、g，记录在下面的横线上，与同学们分组交流。

1. _____

2. _____

3. _____

综合实践三：情境化任务

从下面的教学情境中选择一个，说一说你的想法。可以参考本课学习的内容，并和老师或者小组中的同学交流。表达时要特别注意那些含有声母 b、d、g 的字或词语的发音。

情境一

作为教师，你该如何嘱咐学生注意身体健康？（建议参考朗读材料一做自由表述）

情境二

语文课上，我们常常会用诵读、讨论的方法赏析一些有特色的经典文学作品。请你设计一下，如何引导学生运用这些方法去赏析一篇乡土文学作品。（建议参考朗读材料二做自由表述）

自评与收获

本课自评

是否完成本课所有练习	□ 全部完成	□ 完成大部分	□ 完成小部分
对学习成果是否满意	□ 非常满意	□ 满意	□ 不太满意

我的发音词典之 b、d、g

重点、难点内容	字：
	词：
	句：
我觉得自己发音发得不错的内容	字：
	词：
	句：
我觉得自己还没有完全掌握的内容	字：
	词：
	句：

第 4 课 p、t、k

学习目标

★ 准确听辨并正确朗读含有声母 p、t、k 的字、词；

★ 通过归纳，自主建立含有声母 p、t、k 的专业领域发音词典；

★ 能比较准确地说出含有声母 p、t、k 的语句，运用于教学工作。

课前思考

在教学工作和生活中，你能想到哪些字、词含有声母 p、t、k？

● **分组讨论：**与小组成员一起讨论上述问题。

● **成果交流：**与全班分享讨论结果，选出符合条件的字、词。

快速起步：单字

录音"码"上听

练耳

听单音节字词，写出你听到的音节的声母。

1. ____   2. ____   3. ____   4. ____   5. ____   6. ____

7. ____   8. ____   9. ____   10. ____   11. ____   12. ____

开口

按照不同的声母归纳下面的字，并朗读这些字。

苛	挺	骗	矿	童	烹
考	培	普	眺	魁	推

声母是 p 的字有：_____

声母是 t 的字有：_____

声母是 k 的字有：_____

动脑

记住上题中每个字的发音，并试着给每个字组两个词。

烹：_____ _____　　培：_____ _____　　普：_____ _____　　骗：_____ _____

推：_____ _____　　童：_____ _____　　挺：_____ _____　　眺：_____ _____

苛：_____ _____　　魁：_____ _____　　考：_____ _____　　矿：_____ _____

精准突破：词语

录音"码"上听

练耳

一、听录音，按照你听到的顺序在词语前的方框中标出序号，并朗读这些词语。

1. □ 水桶　　　□ 疏通　　　□ 体贴　　　□ 梯田

2. □ 调侃　　　□ 探看　　　□ 诓骗　　　□ 扩编

3. □ 弹簧　　　□ 铁矿　　　□ 梯形　　　□ 提纯

二、听录音，选出你听到的拼音，并把对应的选项填入括号中。

（　　）1. A píngpàn　　　B péngpài　　　C piānpáng

（　　）2. A kuānkuò　　　B kuàngkè　　　C kǎnkě

（　　）3. A tóngxīn　　　B tóuyǐng　　　C tòujìng

（　　）4. A pāngtuó　　　B bàntuǒ　　　C pántáo

（　　）5. A kuòzhǎn　　　B kuàngchǎn　　　C tuòzhǎn

（　　）6. A pānshēng　　　B bànshǎng　　　C pángzhèng

开口

一、给下列词语中的加点字标出声母，并朗读这些词语。

1. _____　　2. _____　　3. _____　　4. _____
　　坍塌　　　　　　　夸克　　　　　　　托盘　　　　　　　鲲鹏

5. _____　　6. _____　　7. _____　　8. _____
　　乒乓球　　　　　皮划艇　　　　　科考船　　　　　透视图

9. _____　　10. _____　　11. _____　　12. _____
　脱氧核糖　　　　高空盘旋　　　　石破天惊　　　　连跑带跳

二、朗读下列词语，注意每组词语之间的发音差别。

1. A 评判　　　　　　　B 澎湃　　　　　　　C 偏旁

2. A 宽阔　　　　　　　B 旷课　　　　　　　C 坎坷

3. A 铜芯　　　　　　　B 投影　　　　　　　C 透镜

4. A 滂沱　　　　　　　B 办妥　　　　　　　C 蟠桃

5. A 扩展　　　　　　　B 矿产　　　　　　　C 拓展

6. A 攀升　　　　　　　B 半晌　　　　　　　C 旁证

动脑

一、按照不同的声母归纳下面的词语，并记住它们的发音。

攀升　投影　澎湃　铜芯　滂沱　偏旁　坎坷　半晌　拓展
办妥　蟠桃　宽阔　扩展　评判　矿产　旷课　旁证　透镜

含有声母 p 的词语有：＿＿＿＿＿＿＿＿＿＿＿＿＿＿＿＿＿＿＿＿＿

含有声母 t 的词语有：＿＿＿＿＿＿＿＿＿＿＿＿＿＿＿＿＿＿＿＿＿

含有声母 k 的词语有：＿＿＿＿＿＿＿＿＿＿＿＿＿＿＿＿＿＿＿＿＿

二、找出每组中声母组合模式相同的词语，小组讨论后，再写出三个声母组合模式
　　相同的词语。

1. 贫困　　凭空　　瓶口　　片刻　　抛开　　科普
声母组合模式相同的词语有：＿＿＿＿＿＿＿＿＿＿＿＿＿＿＿＿＿＿
符合该组合模式的词语还有：＿＿＿＿＿＿＿＿＿＿＿＿＿＿＿＿＿＿

2. 平面　　帕米　　排气　　品红　　分配　　破例
声母组合模式相同的词语有：＿＿＿＿＿＿＿＿＿＿＿＿＿＿＿＿＿＿
符合该组合模式的词语还有：＿＿＿＿＿＿＿＿＿＿＿＿＿＿＿＿＿＿

3. 苔痕　　倒腾　　檀香　　特长　　拓展　　誊写
声母组合模式相同的词语有：＿＿＿＿＿＿＿＿＿＿＿＿＿＿＿＿＿＿
符合该组合模式的词语还有：＿＿＿＿＿＿＿＿＿＿＿＿＿＿＿＿＿＿

4. 天体　　梯田　　抬头　　疼痛　　梯形　　听筒
声母组合模式相同的词语有：＿＿＿＿＿＿＿＿＿＿＿＿＿＿＿＿＿＿
符合该组合模式的词语还有：＿＿＿＿＿＿＿＿＿＿＿＿＿＿＿＿＿＿

5. 轮廓　　可爱　　辽阔　　立刻　　参考　　仓库
声母组合模式相同的词语有：＿＿＿＿＿＿＿＿＿＿＿＿＿＿＿＿＿＿
符合该组合模式的词语还有：＿＿＿＿＿＿＿＿＿＿＿＿＿＿＿＿＿＿

6. 空调   枯藤   课题   抗体   开通   推开

声母组合模式相同的词语有：_____

符合该组合模式的词语还有：_____

专项提升：语句

录音"码"上听

开口 👄

选择与下列句子中的加点字对应的拼音，把选项填入括号中，并朗读这些句子。

（   ）1. 1.7 秒的时间对她似乎特别慷慨。

A kāngkài   B kānggài   C kāngkǎi

（   ）2. 扩散的速率与物质的浓度梯度成正比。

A kuòsǎ   B kuòsàn   C kuòsǎn

（   ）3. 童第周是我国实验胚胎学的主要创始人。

A pēitāi   B péitāi   C pītāi

（   ）4. 小蝌蚪游啊游，过了几天，长出了两条后腿。

A kētǒu   B kēdǒu   C kēduǒ

（   ）5. 他少年出外谋生，独立支持，做了许多大事。哪知老境却如此颓唐！

A tuítáng   B tuītáng   C tūtáng

（   ）6. 解剖一朵花，观察它的外形、颜色、气味等方面有什么特点。

A jiěpāo   B jiěpōu   C jiěgòu

动脑 💡

朗读下列句子，并按照每题的要求找出相应的字，注意这些字的读音。（重复的字只写一遍）

1. 渤海某海域，海风呼啸，海浪澎湃。

声母是 p 的字有：_____

2. 可是兔子挺霸道的，还在跳过来。

声母是 t 的字有：_____

3. 可吸入颗粒物是空气污染物之一。

声母是 k 的字有：_____

4. 拆开一个手电筒，观察小灯泡和电池，并画出它们的剖视图。

声母是 p 的字有：_____

声母是 t 的字有：_____

声母是 k 的字有：_____

5. 一瞬间，她那修长美妙的身体犹如被空气托住了，衬着蓝天白云，酷似敦煌壁画中凌空翔舞的"飞天"。

声母是 p 的字有：_____

声母是 t 的字有：_____

声母是 k 的字有：_____

6. 葡萄糖为无色结晶或白色结晶性或颗粒性粉末，无臭，味甜，有吸湿性，易溶于水。

声母是 p 的字有：_____

声母是 t 的字有：_____

声母是 k 的字有：_____

综合实践：语篇

录音"码"上听

综合实践一：专业材料朗读

材料一

在讲授"弹力"时，可以通过让学生观看撑竿跳高、手拉橡皮筋、用橡皮泥捏小动物、揉面团、弯折铁丝等实例现象，引导学生探究和归纳弹性、塑性、弹性形变、塑性形变等概念和特点，从而使学生更加准确地理解弹力的概念：两个直接接触的物体由于发生弹性形变而产生的力。

（改写自《中学教材全解·八年级物理下册》第 101 页）

一、朗读上面的材料，找出材料中含有声母 p、t、k 的词语，分别填入表格中的相应位置，并记住这些词语。（重复的词语只写一遍）

p	t	k

二、朗读下面的目标句，录音，提交给教师并获得反馈。完成朗读测评记录表。

目标句：在讲授"弹力"时，可以通过让学生观看撑竿跳高、手拉橡皮筋、用橡皮泥捏小动物、揉面团、弯折铁丝等实例现象，引导学生探究和归纳弹性、塑性、弹性形变、塑性形变等概念和特点。

朗读测评记录表

次数	成绩	记录
我读了____遍。	我的成绩是____分。	我需要注意_____的发音。

材料二

中国功夫

宋小明　词　　伍嘉冀　曲

卧似一张弓，站似一棵松，

不动不摇坐如钟，走路一阵风。

南拳和北腿，少林武当功，

太极八卦连环掌，中华有神功。

棍扫一大片，枪挑一条线，

身轻好似云中燕，豪气冲云天。

外练筋骨皮，内练一口气，

刚柔并济不低头，我们心中有天地！

清风剑在手，双刀就看走，

行家的功夫一出手，就知有没有。

手是两扇门，脚下是一条根，

四方水土养育了我们中华武术魂！

东方一条龙，儿女似英雄，

天高地远八面风，中华有神功，

中华有神功。

[选自人教版《音乐（简谱）·四年级下册》第42～43页]

一、朗读上面的材料，找出材料中含有声母 p、t、k 的词语，分别填入表格中的相应位置，并记住这些词语。（重复的词语只写一遍）

p	t	k

二、两人一组，互相朗读给对方听，并完成朗读互评记录表。

朗读互评记录表

评分项	成绩
他 / 她的发音很准确。	A　B　C　D
他 / 她读得很流利。	A　B　C　D
他 / 她的语速很合适。	A　B　C　D

三、想一想，你所教的学科中还有哪些语篇中含有声母 p、t、k 的字、词比较多，找出来，分享给同学们，一起朗读。

综合实践二：教学用语示范

一、试着自然流利地读出下面的教学用语示例，注意那些含有声母 p、t、k 的字或词语，然后边听录音边修正自己的发音。

1. "弹力"这一课不太难，因为在现实生活中每天都可以看到弹力现象。

2. 谁能告诉我，橡皮筋、橡皮泥、面团在哪些方面具有共同点？

3. 刚才提到了三个概念：可塑性、弹性以及弹性形变。

4. 请同学们看着曲谱听一遍这首歌。

5. 气沉丹田的同时还要注意控制好节拍。

6. 这一片段与其他部分有什么不同？

二、想一想，你所教的学科中还有哪些用语含有声母 p、t、k，记录在下面的横线上，与同学们分组交流。

1. _____

2. _____

3. _____

综合实践三：情境化任务

从下面的教学情境中选择一个，说一说你的想法。可以参考本课学习的内容，并和老师或者小组中的同学交流。表达时要特别注意那些含有声母 p、t、k 的字或词语的发音。

情境一

简单说说，你有什么好办法来讲解"弹力"这个概念，使之形象生动，易于理解。（建议参考朗读材料一做自由表述）

情境二

作为教师，你如何引导学生从音乐中感受"中华武术魂"的意义？（建议参考朗读材料二做自由表述）

自评与收获

本课自评

是否完成本课所有练习	□ 全部完成	□ 完成大部分	□ 完成小部分
对学习成果是否满意	□ 非常满意	□ 满意	□ 不太满意

我的发音词典之 p、t、k

重点、难点内容	字：
	词：
	句：
我觉得自己发音发得不错的内容	字：
	词：
	句：
我觉得自己还没有完全掌握的内容	字：
	词：
	句：

第5课 b–p、d–t、g–k

学习目标

★ 准确听辨并正确朗读含有声母 b、p、d、t、g、k 的字、词；

★ 通过归纳，自主建立含有声母 b、p、d、t、g、k 的专业领域发音词典；

★ 能比较准确地说出含有声母 b、p、d、t、g、k 的语句，运用于教学工作。

课前思考

在教学工作和生活中，你能想到哪些字、词含有声母 b、p、d、t、g、k？

● 分组讨论：与小组成员一起讨论上述问题。

● 成果交流：与全班分享讨论结果，选出符合条件的字、词。

快速起步：单字

录音"码"上听

练耳

听单音节字词，写出你听到的音节的声母。

1. ____   2. ____   3. ____   4. ____   5. ____   6. ____

7. ____   8. ____   9. ____   10. ____   11. ____   12. ____

开口

按照不同的声母归纳下面的字，并朗读这些字。

| 叠 | 透 | 规 | 垦 | 驳 | 铁 |
| 派 | 端 | 捧 | 标 | 隔 | 扩 |

声母是 b 的字有：_____

声母是 p 的字有：_____

声母是 d 的字有：_____

声母是 t 的字有：＿＿＿＿＿＿＿＿＿＿＿＿＿＿＿＿＿＿＿＿＿＿＿＿

声母是 g 的字有：＿＿＿＿＿＿＿＿＿＿＿＿＿＿＿＿＿＿＿＿＿＿＿＿

声母是 k 的字有：＿＿＿＿＿＿＿＿＿＿＿＿＿＿＿＿＿＿＿＿＿＿＿＿

▌动脑

记住上题中每个字的发音，并试着给每个字组两个词。

标：＿＿＿＿＿＿　　驳：＿＿＿＿＿＿　　捧：＿＿＿＿＿＿　　派：＿＿＿＿＿＿

端：＿＿＿＿＿＿　　叠：＿＿＿＿＿＿　　铁：＿＿＿＿＿＿　　透：＿＿＿＿＿＿

规：＿＿＿＿＿＿　　隔：＿＿＿＿＿＿　　垦：＿＿＿＿＿＿　　扩：＿＿＿＿＿＿

精准突破：词语

录音"码"上听

▌练耳

一、听录音，按照你听到的顺序在词语前的方框中标出序号，并朗读这些词语。

1. □ 道德　　　　□ 逃脱　　　　□ 单独　　　　□ 贪图

2. □ 漂泊　　　　□ 瓢泼　　　　□ 辨别　　　　□ 偏僻

3. □ 功课　　　　□ 空格　　　　□ 概括　　　　□ 跨过

二、听录音，选出你听到的拼音，并把对应的选项填入括号中。

（　　）1. A zhēngduó　　　　B zhèngtuō　　　　C zhòngduō

（　　）2. A Wùkōng　　　　B wúgōng　　　　C wǔgōng

（　　）3. A gōugǔ　　　　B gōnggǔ　　　　C kǒngzǒng

（　　）4. A pánshān　　　　B piānpì　　　　C Bānbǐ

（　　）5. A bàndǎo　　　　B pántáo　　　　C bàn tào

（　　）6. A dīwēn　　　　B tǐwēn　　　　C píwén

▌开口

一、给下列词语中的加点字标出声母，并朗读这些词语。

1. ＿＿＿＿＿＿　　2. ＿＿＿＿＿＿　　3. ＿＿＿＿＿＿　　4. ＿＿＿＿＿＿

　　片段　　　　　　鄙薄　　　　　　田埂　　　　　　渡口

5. _____　　6. _____　　7. _____　　8. _____

　　蒲公英　　　　　班干部　　　　　戈壁滩　　　　　傅科摆

9. _____　10. _____　　11. _____　　12. _____

　长途跋涉　　　　天文单位　　　　口干舌燥　　　　频频点头

二、朗读下列词语，注意每组词语之间的发音差别。

1. A 争夺　　　　　B 挣脱　　　　　C 众多

2. A 悟空　　　　　B 蜈蚣　　　　　C 武功

3. A 勾股　　　　　B 肱骨　　　　　C 倥偬

4. A 蹒跚　　　　　B 偏僻　　　　　C 斑比

5. A 半岛　　　　　B 蟠桃　　　　　C 半套

6. A 低温　　　　　B 体温　　　　　C 皮纹

动脑

一、按照不同的声母归纳下面的词语，并记住它们的发音。

肱骨　　蹒跚　　蟠桃　　众多　　体温　　偏僻　　蜈蚣　　倥偬　　半套

悟空　　挣脱　　争夺　　勾股　　低温　　斑比　　武功　　半岛　　皮纹

含有声母 b 的词语有：_____

含有声母 p 的词语有：_____

含有声母 d 的词语有：_____

含有声母 t 的词语有：_____

含有声母 g 的词语有：_____

含有声母 k 的词语有：_____

二、找出每组中声母组合模式相同的词语，小组讨论后，再写出三个声母组合模式
　　相同的词语。

1. 碧波　　蚌埠　　辨别　　鞭炮　　版本　　标靶

声母组合模式相同的词语有：_____

符合该组合模式的词语还有：_____

2. 瞳孔　　唐卡　　调控　　雕刻　　偷窥　　头盔

声母组合模式相同的词语有：_____

符合该组合模式的词语还有：_____

3. 倒退　　梯度　　通电　　唐代　　恬淡　　徒弟

声母组合模式相同的词语有：＿＿＿＿＿＿＿＿＿＿＿＿＿＿＿＿

符合该组合模式的词语还有：＿＿＿＿＿＿＿＿＿＿＿＿＿＿＿＿

4. 表皮　　爆破　　变频　　排比　　布匹　　被骗

声母组合模式相同的词语有：＿＿＿＿＿＿＿＿＿＿＿＿＿＿＿＿

符合该组合模式的词语还有：＿＿＿＿＿＿＿＿＿＿＿＿＿＿＿＿

5. 忐忑　　镀钛　　代替　　答题　　导体　　低碳

声母组合模式相同的词语有：＿＿＿＿＿＿＿＿＿＿＿＿＿＿＿＿

符合该组合模式的词语还有：＿＿＿＿＿＿＿＿＿＿＿＿＿＿＿＿

6. 功课　　感慨　　攻克　　开阔　　港口　　概括

声母组合模式相同的词语有：＿＿＿＿＿＿＿＿＿＿＿＿＿＿＿＿

符合该组合模式的词语还有：＿＿＿＿＿＿＿＿＿＿＿＿＿＿＿＿

专项提升：语句

录音"码"上听

开口

选择与下列句子中的加点字对应的拼音，把选项填入括号中，并朗读这些句子。

（　　）1. 一个人教育的出发点是"格物"和"致知"。

　　　　A gèwù　　　　　　　B géwù　　　　　　　C kèwù

（　　）2. 兔子吓了一跳，拔腿就跑。

　　　　A pátuǐ　　　　　　 B bátuǐ　　　　　　 C bōtuǐ

（　　）3. 皮肤是人体的"空调"，可以凭借出汗来调节体温。

　　　　A kōngtiáo　　　　　B kōngdiào　　　　　C gōngtiáo

（　　）4. "复兴号"高铁投入使用，标志着我国制造的地面交通工具又取得巨大发展。

　　　　A gāotiě　　　　　　B kāotiě　　　　　　C gāodié

（　　）5. 不足二百平方米的厂房，四壁潮湿颓败。

　　　　A tuíbài　　　　　　B tūbài　　　　　　 C tuípài

（   ）6.这些物体都有一个与拱形很相像的结构，更像蛋壳的一部分，我们叫它
薄壳结构。

  A bó ké   B báo ké   C bō ké

动脑

朗读下列句子，并按照每题的要求找出相应的字，注意这些字的读音。（重复的字只
写一遍）

1."七巧板"是我国古代的一种拼板玩具，由七块板组成，拼出来的图案变化万千。
声母是 b 的字有：_____

声母是 p 的字有：_____

2.地下岩石中出现空洞并逐渐扩大，会造成岩石顶部和土层崩塌陷落，引起地震。
声母是 d 的字有：_____

声母是 t 的字有：_____

3.推广清洁燃料，严格控制机动车尾气排放。
声母是 g 的字有：_____

声母是 k 的字有：_____

4."长对正，高平齐，宽相等"是画"三视图"时应该注意的主视图、左视图、俯视
图之间长、宽、高的对应相等关系。
声母是 b 的字有：_____

声母是 p 的字有：_____

声母是 d 的字有：_____

声母是 t 的字有：_____

声母是 g 的字有：_____

声母是 k 的字有：_____

5.她比一般妇女要高大一些，强壮一些，裤子和短褂上，左一块右一块都是补丁，
两只手上突显着粗粗的血管。
声母是 b 的字有：_____

声母是 p 的字有：_____

声母是 d 的字有：_____

声母是 t 的字有：_____

声母是 g 的字有：＿＿＿＿＿＿＿＿＿＿＿＿＿＿＿＿＿＿＿＿＿＿

声母是 k 的字有：＿＿＿＿＿＿＿＿＿＿＿＿＿＿＿＿＿＿＿＿＿＿

6.《清明上河图》使我们看到了八九百年以前的古都风貌，看到了当时普通百姓的生活情景。

声母是 b 的字有：＿＿＿＿＿＿＿＿＿＿＿＿＿＿＿＿＿＿＿＿＿＿

声母是 p 的字有：＿＿＿＿＿＿＿＿＿＿＿＿＿＿＿＿＿＿＿＿＿＿

声母是 d 的字有：＿＿＿＿＿＿＿＿＿＿＿＿＿＿＿＿＿＿＿＿＿＿

声母是 t 的字有：＿＿＿＿＿＿＿＿＿＿＿＿＿＿＿＿＿＿＿＿＿＿

声母是 g 的字有：＿＿＿＿＿＿＿＿＿＿＿＿＿＿＿＿＿＿＿＿＿＿

声母是 k 的字有：＿＿＿＿＿＿＿＿＿＿＿＿＿＿＿＿＿＿＿＿＿＿

综合实践：语篇

录音"码"上听

综合实践一：专业材料朗读

材料一

　　傅科将一个摆长为六十余米、重二十七千克的铁球摆锤吊挂在一个高高的圆顶大厦里，并且在摆下的地面上画上一个刻度盘。当摆摆动起来时，人们看见刻度盘所指示的方向与摆摆动的方向悄悄地发生着"偏转"，并且是沿顺时针方向发生偏转。由于摆能保持摆动方向不变，所以这恰好证明了地球在旋转。"傅科摆"作为地球自转的有力证据，现已为世界所公认。

（改写自教科版《科学·五年级下册》第 77 ～ 78 页）

一、朗读上面的材料，找出材料中含有声母 b、p、d、t、g、k 的词语，分别填入表格中的相应位置，并记住这些词语。(重复的词语只写一遍)

b	p	d

t	g	k

二、朗读下面的目标句，录音，提交给教师并获得反馈。完成朗读测评记录表。

目标句：当摆摆动起来时，人们看见刻度盘所指示的方向与摆摆动的方向悄悄地发生着"偏转"，并且是沿顺时针方向发生偏转。

朗读测评记录表

次数	成绩	记录
我读了____遍。	我的成绩是____分。	我需要注意_____的发音。

材料二

　　这些如钢似铁的顽物竟被水凿得窟窟窍窍，如蜂窝杂陈，更有一些地方被旋出一个个光溜溜的大坑，而整个龙槽就是这样被水齐齐地切下去，切出一道深沟。人常以柔情比水，但至柔至和的水一旦被压迫竟会这样怒不可遏。原来这柔和之中只有宽厚绝无软弱，当她忍耐到一定程度时就会以力相较，奋力抗争。据《元和郡县图志》中所载，当年壶口的位置还在这下游一千五百米处。你看，日夜不止，这柔和的水硬将铁硬的石寸寸地剁去。

　　黄河博大宽厚，柔中有刚；挟而不服，压而不弯；不平则呼，遇强则抗；死地必生，勇往直前。正像一个人，经了许多磨难便有了自己的个性；黄河被两岸的山、地下的石逼得忽上忽下、忽左忽右时，也就铸成了自己伟大的性格。这伟大只在冲过壶口的一刹那才闪现出来被我们看见。

（节选自部编人教版《语文·八年级下册》第 98 页）

一、朗读上面的材料，找出材料中含有声母 b、p、d、t、g、k 的词语，分别填入表格中的相应位置，并记住这些词语。（重复的词语只写一遍）

b	p	d

t	g	k

二、两人一组，互相朗读给对方听，并完成朗读互评记录表。

朗读互评记录表

评分项	成绩
他 / 她的发音很准确。	A　　B　　C　　D
他 / 她读得很流利。	A　　B　　C　　D
他 / 她的语速很合适。	A　　B　　C　　D

三、想一想，你所教的学科中还有哪些语篇中含有声母 b、p、d、t、g、k 的字、词比较多，找出来，分享给同学们，一起朗读。

■ 综合实践二：教学用语示范

一、试着自然流利地读出下面的教学用语示例，注意那些含有声母 b、p、d、t、g、k 的字或词语，然后边听录音边修正自己的发音。

1. 仔细观察并说说这种装置的运动轨迹。
2. 思考：同一个摆摆动的快慢是一定的还是不定的？跟什么有关？
3. 各小组都通过实验得到了数据，谁愿意到展示台上展示一下本组探讨的成果？
4. 说起"瀑布"，你联想到哪些著名的诗句？文中描述壶口瀑布的句子与你想到的诗句有什么相同之处？又有什么独特之处？
5. 文中提到的黄河"伟大的性格"指的是什么？请你说一说。
6. 面对雨季的黄河，作者的感受是什么？作者写这些的目的是什么？

二、想一想，你所教的学科中还有哪些用语含有声母 b、p、d、t、g、k，记录在下面的横线上，与同学们分组交流。

1. _____

2. _____

3. _____

综合实践三：情境化任务

从下面的教学情境中选择一个，说一说你的想法。可以参考本课学习的内容，并和老师或者小组中的同学交流。表达时要特别注意那些含有声母 b、p、d、t、g、k 的字或词语的发音。

情境一

作为教师，你如何向学生解释地球在自转？（建议参考朗读材料一做自由表述）

情境二

黄河是中华民族的母亲河。请你结合具体教学内容，设计一个教学环节，说一说如何引导学生通过景物描写来理解文中的蕴意。（建议参考朗读材料二做自由表述）

自评与收获

本课自评

是否完成本课所有练习	□ 全部完成	□ 完成大部分	□ 完成小部分
对学习成果是否满意	□ 非常满意	□ 满意	□ 不太满意

我的发音词典之 b、p、d、t、g、k

重点、难点内容	字：	
	词：	
	句：	
我觉得自己发音发得不错的内容	字：	
	词：	
	句：	
我觉得自己还没有完全掌握的内容	字：	
	词：	
	句：	

学习目标

★ 准确听辨并正确朗读含有声母 m、n、l 的字、词；

★ 通过归纳，自主建立含有声母 m、n、l 的专业领域发音词典；

★ 能比较准确地说出含有声母 m、n、l 的语句，运用于教学工作。

课前思考

在教学工作和生活中，你能想到哪些字、词含有声母 m、n、l？

● **分组讨论**：与小组成员一起讨论上述问题。

● **成果交流**：与全班分享讨论结果，选出符合条件的字、词。

快速起步：单字

录音"码"上听

练耳

听单音节字词，写出你听到的音节的声母。

1. ____   2. ____   3. ____   4. ____   5. ____   6. ____

7. ____   8. ____   9. ____   10. ____   11. ____   12. ____

开口

按照不同的声母归纳下面的字，并朗读这些字。

凝	理	暖	猫	幂	掠
蛮	拉	讷	码	捏	螺

声母是 m 的字有：_____

声母是 n 的字有：_____

声母是 l 的字有：_____

动脑

记住上题中每个字的发音，并试着给每个字组两个词。

猫：_____ _____　　蛮：_____ _____　　码：_____ _____　　幂：_____ _____

捏：_____ _____　　凝：_____ _____　　暖：_____ _____　　讷：_____ _____

拉：_____ _____　　螺：_____ _____　　理：_____ _____　　掠：_____ _____

精准突破：词语

录音"码"上听

练耳

一、听录音，按照你听到的顺序在词语前的方框中标出序号，并朗读这些词语。

1. □ 母线　　　□ 怒卷　　　□ 联盟　　　□ 黏膜

2. □ 嫩蓝　　　□ 两难　　　□ 冷凝　　　□ 闹铃

3. □ 浓烈　　　□ 内敛　　　□ 内陆　　　□ 炼炉

二、听录音，选出你听到的拼音，并把对应的选项填入括号中。

（　　）1. A nián nèi　　　　B liánlei　　　　C lán nèi

（　　）2. A lán lǜ　　　　　B nánnǚ　　　　 C lánlǚ

（　　）3. A nìmíng　　　　 B límíng　　　　 C límǐ

（　　）4. A bǎinà　　　　　B bāla　　　　　 C báilà

（　　）5. A língyǔ　　　　 B míngyù　　　　 C níngyē

（　　）6. A líhé　　　　　　B míhé　　　　　 C nǐhé

开口

一、给下列词语中的加点字标出声母，并朗读这些词语。

1. _____　　2. _____　　3. _____　　4. _____
　　铝膜　　　　　　执拗　　　　　　弥漫　　　　　　能量

5. _____　　6. _____　　7. _____　　8. _____
　　浏览器　　　　　牛郎星　　　　　拧螺丝　　　　　有理数

9. _____　　10. _____　　11. _____　　12. _____
　电流通路　　　　留作纪念　　　　令人难忘　　　　驽马十驾

二、朗读下列词语，注意每组词语之间的发音差别。

1. A 年内　　　　　B 连累　　　　　C 栏内

2. A 蓝绿　　　　　B 男女　　　　　C 褴褛

3. A 匿名　　　　　B 黎明　　　　　C 厘米

4. A 百衲　　　　　B 疤癞　　　　　C 白蜡

5. A 囹圄　　　　　B 名誉　　　　　C 凝噎

6. A 离合　　　　　B 弥合　　　　　C 拟合

动脑

一、按照不同的声母归纳下面的词语，并记住它们的发音。

匿名　　名誉　　栏内　　离合　　厘米　　男女　　拟合　　囹圄　　褴褛
连累　　黎明　　凝噎　　蓝绿　　弥合　　年内　　疤癞　　白蜡　　百衲

含有声母 m 的词语有：_____

含有声母 n 的词语有：_____

含有声母 l 的词语有：_____

二、找出每组中声母组合模式相同的词语，小组讨论后，再写出三个声母组合模式相同的词语。

1. 牟利　　浙沥　　莫逆　　农历　　物理　　迷离

声母组合模式相同的词语有：_____

符合该组合模式的词语还有：_____

2. 玛瑙　　农贸　　明年　　模拟　　磨难　　母女

声母组合模式相同的词语有：_____

符合该组合模式的词语还有：_____

3. 纳米　　柠檬　　匿名　　木讷　　糯米　　耐磨

声母组合模式相同的词语有：_____

符合该组合模式的词语还有：_____

4. 能量　　牛奶　　年轮　　暖流　　内陆　　农历

声母组合模式相同的词语有：_____

符合该组合模式的词语还有：_____

5. 藏匿　便佞　奉纳　蜂蜡　习难　搓捻

声母组合模式相同的词语有：_____

符合该组合模式的词语还有：_____

6. 恼怒　拿捏　能耐　泥淖　呢喃　老牛

声母组合模式相同的词语有：_____

符合该组合模式的词语还有：_____

专项提升：语句

录音"码"上听

开口

选择与下列短语或句子中的加点字对应的拼音，把选项填入括号中，并朗读这些短语或句子。

（　　）1. 春来江水绿如蓝

A lǜ rú lán　　　　　B nù rú nán　　　　　C lǜ yú lán

（　　）2. 雾凇是凝华现象。

A línghuá　　　　　B níngwá　　　　　C nínghuá

（　　）3. 不同科学领域之间是紧密相连的。

A jǐnmì xiānglián　　B jǐnmì xiāngnián　　C jǐnnì xiānglián

（　　）4. 单位时间内的利息与本金的比率叫作利率。

A nìlù　　　　　　　B lìnù　　　　　　　C lìlǜ

（　　）5. 手机电池是锂离子电池。

A lǐlízǐ　　　　　　　B nǐnízǐ　　　　　　C lǐnízǐ

（　　）6. 我便用吊兰长长的、串生着小绿叶的垂蔓蒙盖在鸟笼上。

A niǎolóng　　　　　B liǎonóng　　　　　C liǎolóng

动脑

朗读下列句子，并按照每题的要求找出相应的字，注意这些字的读音。（重复的字只写一遍）

1. 大雁知道，从黎明到夜幕降临，在每个沼泽地和池塘边，都有瞄准它们的猎枪。

声母是 m 的字有：_____

2. 老人捏了捏男孩儿的脸。

声母是 n 的字有：＿＿＿＿＿＿＿＿＿＿＿＿＿＿＿＿＿＿＿＿＿

3. 材料的耐磨损性能，用磨耗量或耐磨指数表示。

声母是 l 的字有：＿＿＿＿＿＿＿＿＿＿＿＿＿＿＿＿＿＿＿＿＿

4. 这种节能建筑的表面为双层皮幕墙，在冬季可以基本实现采暖零能耗。

声母是 m 的字有：＿＿＿＿＿＿＿＿＿＿＿＿＿＿＿＿＿＿＿＿＿

声母是 n 的字有：＿＿＿＿＿＿＿＿＿＿＿＿＿＿＿＿＿＿＿＿＿

声母是 l 的字有：＿＿＿＿＿＿＿＿＿＿＿＿＿＿＿＿＿＿＿＿＿

5. 每一个命题都有逆命题，只要将原命题的题设改成结论，并将结论改成题设，便
   可得到原命题的逆命题。

声母是 m 的字有：＿＿＿＿＿＿＿＿＿＿＿＿＿＿＿＿＿＿＿＿＿

声母是 n 的字有：＿＿＿＿＿＿＿＿＿＿＿＿＿＿＿＿＿＿＿＿＿

声母是 l 的字有：＿＿＿＿＿＿＿＿＿＿＿＿＿＿＿＿＿＿＿＿＿

6. 于是架起两支橹，一支两人，一里一换，有说笑的，有嚷的，夹着潺潺的船头激
   水的声音，在左右都是碧绿的豆麦田地的河流中，飞一般径向赵庄前进了。

声母是 m 的字有：＿＿＿＿＿＿＿＿＿＿＿＿＿＿＿＿＿＿＿＿＿

声母是 n 的字有：＿＿＿＿＿＿＿＿＿＿＿＿＿＿＿＿＿＿＿＿＿

声母是 l 的字有：＿＿＿＿＿＿＿＿＿＿＿＿＿＿＿＿＿＿＿＿＿

综合实践：语篇

录音"码"上听

综合实践一：专业材料朗读

材料一

　　两亿到三亿年前，地球上气候温暖潮湿，植物生长茂盛。在湖泊和海边有大量的植物堆积，并被沉积的泥沙覆盖起来。时间久了，泥沙越积越厚，植物越埋越深。这些植物在地下与空气隔绝，同时受到高温高压的作用，经过亿万年，变成了煤。经过多次的地壳变动，有的煤层被埋得更深，有的煤层露出地面。

（改写自人教版《科学·六年级下册》第 11 页）

一、朗读上面的材料，找出材料中含有声母 m、n、l 的词语，分别填入表格中的相应位置，并记住这些词语。(重复的词语只写一遍)

m	n	l

二、朗读下面的目标句，录音，提交给教师并获得反馈。完成朗读测评记录表。

目标句：时间久了，泥沙越积越厚，植物越埋越深。

朗读测评记录表

次数	成绩	记录
我读了____遍。	我的成绩是____分。	我需要注意_____的发音。

材料二

　　孔子是春秋后期鲁国人，出身下层贵族。他从小学习礼乐，年轻时做过小吏，后收徒办学，成为知名学者。中年后曾在鲁国从政，但时间不长，以后周游列国，宣扬自己的政治主张，但不为各国采纳。孔子在晚年回到家乡，主要从事教育，整理编订文化典籍。

　　孔子不仅是大思想家，而且还是大教育家。他创办私学，打破了贵族和王室垄断教育的局面，主张"有教无类"，招收不同出身的学生，先后培养了三千弟子，促进了教育在民间的发展。他在教学中，注重道德教育和文化知识教育，发现和总结出许多教育规律，提出了一系列教学原则和方法。孔子在晚年精心整理古代重要的文献资料，对传承中国古代文化经典和学术思想做出巨大贡献。

　　孔子是儒家学派的创始人，他的思想后来由其弟子整理成《论语》一书。

(节选自部编人教版《中国历史·七年级上册》第 38 ～ 40 页)

一、朗读上面的材料，找出材料中含有声母 m、n、l 的词语，分别填入表格中的相应位置，并记住这些词语。（重复的词语只写一遍）

m	n	l

二、两人一组，互相朗读给对方听，并完成朗读互评记录表。

朗读互评记录表

评分项	成绩
他 / 她的发音很准确。	A B C D
他 / 她读得很流利。	A B C D
他 / 她的语速很合适。	A B C D

三、想一想，你所教的学科中还有哪些语篇中含有声母 m、n、l 的字、词比较多，找出来，分享给同学们，一起朗读。

综合实践二：教学用语示范

一、试着自然流利地读出下面的教学用语示例，注意那些含有声母 m、n、l 的字或词语，然后边听录音边修正自己的发音。

1. 请举例说说我们国家常见又比较廉价的能源资源有哪些。
2. 查找资料，并说说世界煤炭资源的地理分布及煤炭储量。
3. 完成列表，把矿产名称填在左栏内，形成年代填在右栏内。
4. 孔子在政治方面的主张是什么？你怎么理解"仁"的内涵？
5.《论语》是孔子写的吗？主要内容是什么？
6. 举例说明孔子的教育理念。

二、想一想，你所教的学科中还有哪些用语含有声母 m、n、l，记录在下面的横线上，与同学们分组交流。

1. _____

2. _____

3. _____

综合实践三：情境化任务

从下面的教学情境中选择一个，说一说你的想法。可以参考本课学习的内容，并和老师或者小组中的同学交流。表达时要特别注意那些含有声母 m、n、l 的字或词语的发音。

情境一

　　请向学生简单解释一下煤是如何形成的。（建议参考朗读材料一做自由表述）

情境二

　　如何引导学生了解孔子在思想、教育、文化方面的主要贡献，学习孔子的政治主张和教育思想，培养学生学习的主动性和探究能力？请你设计一下。（建议参考朗读材料二做自由表述）

自评与收获

本课自评

是否完成本课所有练习	☐ 全部完成	☐ 完成大部分	☐ 完成小部分
对学习成果是否满意	☐ 非常满意	☐ 满意	☐ 不太满意

我的发音词典之 m、n、l

重点、难点内容	字：
	词：
	句：
我觉得自己发音发得不错的内容	字：
	词：
	句：
我觉得自己还没有完全掌握的内容	字：
	词：
	句：

第 7 课　f、h

学习目标

★ 准确听辨并正确朗读含有声母 f、h 的字、词；

★ 通过归纳，自主建立含有声母 f、h 的专业领域发音词典；

★ 能比较准确地说出含有声母 f、h 的语句，运用于教学工作。

课前思考

在教学工作和生活中，你能想到哪些字、词含有声母 f、h？

● **分组讨论：** 与小组成员一起讨论上述问题。

● **成果交流：** 与全班分享讨论结果，选出符合条件的字、词。

快速起步：单字

录音"码"上听

练耳

听单音节字词，写出你听到的音节的声母。

1. ____　　2. ____　　3. ____　　4. ____　　5. ____　　6. ____

7. ____　　8. ____　　9. ____　　10. ____　　11. ____　　12. ____

开口

按照不同的声母归纳下面的字，并朗读这些字。

涸　　　法　　　废　　　晦　　　忿　　　婚

繁　　　环　　　讽　　　海　　　孵　　　轰

声母是 f 的字有：_____

声母是 h 的字有：_____

动脑

记住上题中每个字的发音，并试着给每个字组两个词。

孵：_____ _____ 繁：_____ _____ 法：_____ _____ 忿：_____ _____

麦：_____ _____ 涸：_____ _____ 海：_____ _____ 晦：_____ _____

婚：_____ _____ 环：_____ _____ 讽：_____ _____ 废：_____ _____

精准突破：词语

录音"码"上听

练耳

一、听录音，按照你听到的顺序在词语前的方框中标出序号，并朗读这些词语。

1. □ 积愤　　　□ 嫉恨　　　□ 简化　　　□ 减法

2. □ 弧度　　　□ 幅度　　　□ 焕发　　　□ 繁华

3. □ 日环食　　□ 热辐射　　□ 猕猴桃　　□ 密封条

二、听录音，选出你听到的拼音，并把对应的选项填入括号中。

（　　）1. A hánshù　　　　B fān shū　　　　C fá shù

（　　）2. A shūmù　　　　B shūhū　　　　C shùfù

（　　）3. A yìngchèn　　　B yínfěn　　　　C yǐnhèn

（　　）4. A cuìhuǒ　　　　B cuīhuà　　　　C cuīfā

（　　）5. A hēihuīsè　　　B huīhèsè　　　　C huīhēisè

（　　）6. A huāngwú　　　B fángwū　　　　C fǎngfú

开口

一、给下列词语中的加点字标出声母，并朗读这些词语。

1. _____　　2. _____　　3. _____　　4. _____

　　混浊　　　　　　简化　　　　　　交付　　　　　　纺车

5. _____　　6. _____　　7. _____　　8. _____

　　防护林　　　　肺活量　　　　　凤仙花　　　　　荒漠化

9. _____　　10. _____　　11. _____　　12. _____

　江河湖海　　　　环境保护　　　　航天飞机　　　　牵强附会

二、朗读下列词语，注意每组词语之间的发音差别。

1. A 函数　　　　　　　B 翻书　　　　　　　C 伐树

2. A 书目　　　　　　　B 倏忽　　　　　　　C 束缚

3. A 映衬　　　　　　　B 银粉　　　　　　　C 饮恨

4. A 淬火　　　　　　　B 催化　　　　　　　C 催发

5. A 黑灰色　　　　　　B 灰褐色　　　　　　C 灰黑色

6. A 荒芜　　　　　　　B 房屋　　　　　　　C 仿佛

动脑

一、按照不同的声母归纳下面的词语，并记住它们的发音。

黑灰色　　催化　　翻书　　银粉　　房屋　　束缚　　书目　　灰褐色　　映衬

淬火　　函数　　仿佛　　倏忽　　荒芜　　催发　　伐树　　饮恨　　灰黑色

含有声母 f 的词语有：_____

含有声母 h 的词语有：_____

二、找出每组中声母组合模式相同的词语，小组讨论后，再写出三个声母组合模式相同的词语。

1. 浩瀚　　惶惑　　画舫　　辉煌　　恍惚　　互惠

声母组合模式相同的词语有：_____

符合该组合模式的词语还有：_____

2. 划分　　复核　　滑阀　　毫伏　　画风　　恢复

声母组合模式相同的词语有：_____

符合该组合模式的词语还有：_____

3. 发还　　防护　　符合　　负荷　　孵化　　横幅

声母组合模式相同的词语有：_____

符合该组合模式的词语还有：_____

4. 昏黄　　纷繁　　返还　　防寒　　分号　　奋发

声母组合模式相同的词语有：_____

符合该组合模式的词语还有：_____

5. 方法　　丰富　　防腐　　发挥　　反复　　负分

声母组合模式相同的词语有：_____

符合该组合模式的词语还有：_____

6. 烘托　　拱门　　荤腥　　槐荫　　弘毅　　涵洞

声母组合模式相同的词语有：_____

符合该组合模式的词语还有：_____

专项提升：语句

录音"码"上听

开口

选择与下列句子中的加点字对应的拼音，把选项填入括号中，并朗读这些句子。

(　　) 1. 他很后悔没有听街坊的劝告。

    A hòufěi　　　　　　B hòuhuǐ　　　　　　C hòuhěi

(　　) 2. 活性炭中的灰分组成及其含量对炭的吸附活性有很大影响。

    A huóxìngtàn　　　　B fóxìngtàn　　　　C huóxìntàn

(　　) 3. 他们提倡勤俭治国，反对奢侈浮华。

    A fúfá　　　　　　　B fúhuá　　　　　　C fūhuá

(　　) 4. 火箭发动机的燃料和氧化剂均由飞行器携带。

    A yǎnfàjì　　　　　B yǎngfàjì　　　　　C yǎnghuàjì

(　　) 5. 这种黏性很强的黄泥掺上一些石灰水、豆浆水，砌出的缝铁老鼠也钻不开。

    A xíhuīshuǐ　　　　B shífēishuǐ　　　　C shíhuīshuǐ

(　　) 6. 利用动物粪便发酵产生的沼气是一种可再生能源。

    A fājiào　　　　　　B huājiào　　　　　C fāxiào

动脑

朗读下列句子，并按照每题的要求找出相应的字，注意这些字的读音。（重复的字只写一遍）

1. 分数混合运算的顺序和整数混合运算的顺序相同。

声母是 f 的字有：_____

2. 我忽然觉得自己仿佛就是一朵荷花。

声母是 h 的字有：_____

3. 火山灰是对植物有好处的天然肥料。

声母是 f 的字有：_____

声母是 h 的字有：_____

4. 加热酒精灯时，要戴护目镜，以防伤害眼睛。

声母是 f 的字有：_____

声母是 h 的字有：_____

5. 一切革命队伍的人都要互相关心，互相爱护，互相帮助。

声母是 f 的字有：_____

声母是 h 的字有：_____

6. 发酵粉是一种复合添加剂，主要用于面制品和膨化食品的生产。

声母是 f 的字有：_____

声母是 h 的字有：_____

综合实践：语篇

录音"码"上听

■ 综合实践一：专业材料朗读

材料一

　　植物生长需要养分，土壤所能提供的养分是有限的，因此需要靠施肥来补充。农作物所必需的营养元素有多种，其中氮、磷、钾需要量较大，而土壤中又常常缺乏这几种营养元素，因此氮肥、磷肥、钾肥是最主要的化学肥料。根据所含营养元素的种类，化肥分为氮肥、磷肥、钾肥、复合肥等。

（改写自《中学教材全解·九年级化学下册》第 146 页）

一、朗读上面的材料，找出材料中含有声母 f、h 的词语，分别填入表格中的相应位置，并记住这些词语。（重复的词语只写一遍）

f	h

二、朗读下面的目标句，录音，提交给教师并获得反馈。完成朗读测评记录表。

目标句：根据所含营养元素的种类，化肥分为氮肥、磷肥、钾肥、复合肥等。

朗读测评记录表

次数	成绩	记录
我读了____遍。	我的成绩是____分。	我需要注意_____的发音。

材料二

　　我最早的读物是被孩子们叫作"香烟人"的小画片。那是一种比火柴盒略大的硬纸片，正面印画，背面印字，是每盒香烟中的附赠物。遇到大人让孩子买烟，这美差往往被男孩抢了去，我们女孩只落了个眼美的份儿。集得多了，就开始比赛用手掌刮"香烟人"，看谁刮得远。这时，我就卖力地呐喊助威，为的是最后能在赢家手里饱览那一大沓画片。这些印着"水浒""三国"故事的小画片，是我最早见到的"连环画"。

　　开始我看得津津有味，天长日久，就感到不过瘾了。

　　后来，我看到几本真正的连环画。一位爱好美术的小学教师，他有几套连环画，我看得如醉如痴：《七色花》引得我浮想联翩，《血泪仇》又叫我泪落如珠。后来，哥哥的朋友们送了我几册小书：《刘胡兰小传》《卓娅和舒拉的故事》《古丽雅的道路》……只要手中一有书，我就忘了吃、忘了睡。

　　渐渐地，连环画一类的小书已不能使我满足了，我又发现了一块"绿洲"——小镇的文化站有几百册图书！我每天一放下书包就奔向那里。几个月的工夫，这个小图书馆所有的文艺书籍，我差不多都借阅了。我读得很快，囫囵吞枣，大有"不求甚解"的味道。吸引我的首先是故事，是各种人物的命运遭遇，他们的悲欢离合常常使我牵肠挂肚。

（节选自部编人教版《语文·五年级上册》第107～108页）

一、朗读上面的材料第三、四自然段，找出其中含有声母f、h的词语，分别填入表格中的相应位置，并记住这些词语。（重复的词语只写一遍）

f	h

二、两人一组，互相朗读给对方听，并完成朗读互评记录表。

朗读互评记录表

评分项	成绩
他 / 她的发音很准确。	A　B　C　D
他 / 她读得很流利。	A　B　C　D
他 / 她的语速很合适。	A　B　C　D

三、想一想，你所教的学科中还有哪些语篇中含有声母 f、h 的字、词比较多，找出来，分享给同学们，一起朗读。

综合实践二：教学用语示范

一、试着自然流利地读出下面的教学用语示例，注意那些含有声母 f、h 的字或词语，然后边听录音边修正自己的发音。

1. 不同的肥料有不同的功能，请你说说复合肥的功能是什么。
2. 有机肥和非有机肥有什么不同？
3. 存储化肥时要注意防腐蚀、防挥发、防混放。
4. 小组成员相互合作，回答黑板上的问题。
5. 回想一下还有哪几位作者也跟我们分享过读书的乐趣。
6. 反复体会本文的写作手法，课后试着自己写一写。

二、想一想，你所教的学科中还有哪些用语含有声母 f、h，记录在下面的横线上，与同学们分组交流。

1. _____
2. _____
3. _____

综合实践三：情境化任务

从下面的教学情境中选择一个，说一说你的想法。可以参考本课学习的内容，并和老师或者小组中的同学交流。表达时要特别注意那些含有声母 f、h 的字或词语的发音。

情境一

　　请你简单地给学生讲解一下化肥的用处和分类。（建议参考朗读材料一做自由表述）

情境二

　　作为教师，你如何引导学生体会"书是'长生果'"的寓意？（建议参考朗读材料二做自由表述）

自评与收获

本课自评

是否完成本课所有练习	□ 全部完成	□ 完成大部分	□ 完成小部分
对学习成果是否满意	□ 非常满意	□ 满意	□ 不太满意

我的发音词典之 f、h

重点、难点内容	字：
	词：
	句：
我觉得自己发音发得不错的内容	字：
	词：
	句：
我觉得自己还没有完全掌握的内容	字：
	词：
	句：

第 8 课   j、q、x

课前思考

在教学工作和生活中，你能想到哪些字、词含有声母 j、q、x？

● **分组讨论**：与小组成员一起讨论上述问题。

● **成果交流**：与全班分享讨论结果，选出符合条件的字、词。

快速起步：单字

录音"码"上听

练耳

听单音节字词，写出你听到的音节的声母。

1. ____　　2. ____　　3. ____　　4. ____　　5. ____　　6. ____

7. ____　　8. ____　　9. ____　　10. ____　　11. ____　　12. ____

开口

按照不同的声母归纳下面的字，并朗读这些字。

| 秦 | 歉 | 硝 | 窨 | 雪 | 羁 |
| 取 | 锈 | 酱 | 倾 | 节 | 霞 |

声母是 j 的字有：_____

声母是 q 的字有：_____

声母是 x 的字有：_____

动脑

记住上题中每个字的发音，并试着给每个字组两个词。

羁：_____ _____ 　　节：_____ _____ 　　窘：_____ _____ 　　酱：_____ _____

倾：_____ _____ 　　秦：_____ _____ 　　取：_____ _____ 　　歉：_____ _____

硝：_____ _____ 　　霞：_____ _____ 　　雪：_____ _____ 　　锈：_____ _____

精准突破：词语

录音"码"上听

练耳

一、听录音，按照你听到的顺序在词语前的方框中标出序号，并朗读这些词语。

1.□ 戏谑　　　　□ 泣血　　　　□ 加权　　　　□ 甲醛

2.□ 激越　　　　□ 契约　　　　□ 幸好　　　　□ 信号

3.□ 碳纤维　　　□ 野蔷薇　　　□ 相似比　　　□ 检视表

二、听录音，选出你听到的拼音，并把对应的选项填入括号中。

(　　) 1. A jiěxī　　　　B jīxiè　　　　C jièxiàn

(　　) 2. A gǎojiàn　　　B jiǎojiàn　　　C jiǎojiān

(　　) 3. A quànwèi　　　B kuānwèi　　　C quánwēi

(　　) 4. A jīngwěi　　　B qīngwēi　　　C xíngwéi

(　　) 5. A jiǔjǐng　　　B jiūjìng　　　C xiūxǐng

(　　) 6. A quǎnkē　　　B xuǎn kè　　　C juānkè

开口

一、给下列词语中的加点字标出声母，并朗读这些词语。

1. _____　　2. _____　　3. _____　　4. _____
　　清洗　　　　　　倔强　　　　　　焦距　　　　　　绮丽

5. _____　　6. _____　　7. _____　　8. _____
　　三角形　　　　　交响曲　　　　　辛弃疾　　　　　解析式

9. _____　　10. _____　　11. _____　　12. _____
　吸取教训　　　　曲径通幽　　　　继续前进　　　　扣人心弦

二、朗读下列词语，注意每组词语之间的发音差别。

1. A 解析   B 机械   C 界限
2. A 稿件   B 矫健   C 脚尖
3. A 劝慰   B 宽慰   C 权威
4. A 经纬   B 轻微   C 行为
5. A 酒精   B 究竟   C 修省
6. A 犬科   B 选课   C 镌刻

▎动脑

一、按照不同的声母归纳下面的词语，并记住它们的发音。

劝慰   机械   修省   选课   轻微   脚尖   酒精   界限   犬科
稿件   镌刻   权威   行为   矫健   解析   宽慰   经纬   究竟

含有声母 j 的词语有：_____

含有声母 q 的词语有：_____

含有声母 x 的词语有：_____

二、找出每组中声母组合模式相同的词语，小组讨论后，再写出三个声母组合模式相同的词语。

1. 粳米   哽咽   校订   精湛   竣工   拮据
声母组合模式相同的词语有：_____
符合该组合模式的词语还有：_____

2. 曲线   球心   倾向   权限   相切   迁徙
声母组合模式相同的词语有：_____
符合该组合模式的词语还有：_____

3. 区间   秋季   器具   清洁   细菌   全景
声母组合模式相同的词语有：_____
符合该组合模式的词语还有：_____

4. 幸亏   线圈   学期   吸取   下棋   嫌弃
声母组合模式相同的词语有：_____
符合该组合模式的词语还有：_____

5. 好像   混淆   呼吸   航行   幻想   行星
声母组合模式相同的词语有：_____
符合该组合模式的词语还有：_____

6. 萧瑟　　卸责　　旋即　　　迁回　　携手　　盱眙

声母组合模式相同的词语有：_____

符合该组合模式的词语还有：_____

专项提升：语句

录音"码"上听

开口 👄

选择与下列短语或句子中的加点字对应的拼音，把选项填入括号中，并朗读这些短语或句子。

（　　）1. 人格修养离不开学习和实践。

A xíjiàn　　　　　　B shíqiàn　　　　　　C shíjiàn

（　　）2. 橡胶是指具有可逆形变的高弹性聚合物材料。

A xiànjiāo　　　　　B xiāngjiāo　　　　　C xiàngjiāo

（　　）3. 我学会了用线条表现物品的细节。

A xìxié　　　　　　B xìjié　　　　　　　C jìjié

（　　）4. 中国古代十分重视数学研究及其运用，并取得了巨大成就。

A jǔdé　　　　　　B qǔde　　　　　　　C qǔdé

（　　）5. 促进了相互间的交往交流交融

A xiāngfù　　　　　B xiānhù　　　　　　C xiānghù

（　　）6. 圆是一种轴对称的曲线图形，利用它可以设计很多美丽的图案。

A qūxiàn　　　　　B xǔxiàn　　　　　　C qǔxiàn

动脑 💡

朗读下列句子，并按照每题的要求找出相应的字，注意这些字的读音。（重复的字只写一遍）

1. 像距是像到平面镜（或透镜的光心）之间的距离。

声母是 j 的字有：_____

2. 稀盐酸是一种无色澄清液体，呈强酸性。

声母是 q 的字有：_____

3. 每个同学都要珍惜自己的选举权利。

声母是 x 的字有：_____

4. 对这一转变做出了巨大贡献的，有一位长期以来鲜为人知的科学家——邓稼先。

声母是 j 的字有：_____

声母是 q 的字有：_____

声母是 x 的字有：_____

5. 在一定温度下，气体体积增大时，其压强减小。

声母是 j 的字有：_____

声母是 q 的字有：_____

声母是 x 的字有：_____

6. 我忙去接。瓶子里是香油，包裹里是鸡蛋。我记不清是十个还是二十个，因为在我记忆里多得数不完。

声母是 j 的字有：_____

声母是 q 的字有：_____

声母是 x 的字有：_____

综合实践：语篇

录音"码"上听

■ 综合实践一：专业材料朗读

材料一

　　尽管已经了解了光现象中实像和虚像的区别与联系，但掌握起来却有点儿麻烦。实像是由实际光线汇聚而成的，而且是倒立的，并且能用光屏承接；虚像是由实际光线的反向延长线汇聚而成的，因此，不能用光屏承接，并且都是正立的。无论是实像还是虚像，都能用眼睛看到。

（改写自《中学教材全解·八年级物理上册》第 170 页）

一、朗读上面的材料，找出材料中含有声母 j、q、x 的词语，分别填入表格中的相应位置，并记住这些词语。（重复的词语只写一遍）

j	q	x

二、朗读下面的目标句，录音，提交给教师并获得反馈。完成朗读测评记录表。

目标句：虚像是由实际光线的反向延长线汇聚而成的，因此，不能用光屏承接，并且都是正立的。

朗读测评记录表

次数	成绩	记录
我读了____遍。	我的成绩是____分。	我需要注意_____的发音。

材料二

院子里的葡萄架下，一口缸闲着。夏天，积了大半缸雨水。从葡萄架的空隙里漏下的阳光，洒落在水面上，像许多大大小小的圆镜。我想，这缸不正好用来养小鱼小虾吗？

我和邻居阿成哥跑到村边小溪里，在竹荫下静水处，轻轻掀开小石块，或者把手伸到大石块下，捉了一些小虾，带回家养在缸里。这些小虾，有的通体透明，像玻璃似的，这是才长大的；有的稍带灰黑色，甚至背上、尾巴上还积着泥，长着青苔，这是老的，大家叫它千年虾。

缸里的小虾十分有趣。它们有的独自荡来荡去，有的互相追逐，有的紧贴住缸壁。要是你用小竹枝去动动那些正在休息的小虾，它们会立即向别的安静的角落蹦去，一路上像生了气似的，不停地舞动着前面那双细长的腿，腿末端那副钳子一张一张的，胡须也一翘一翘地摆动着，连眼珠子也一突一突的。如果这时碰到正在闲游的同伴，说不定就要打起来。小虾的搏斗很激烈，蹦出水面是常有的事，有时还会蹦到缸外的地面上。

我觉得该让它们在缸里生活得更快乐些。后来，我就和阿成哥到小溪里采了一些水草，捡了些石块放在缸里。我们记得，小溪里的虾是挺喜欢钻到石块下面休息的。

有一天，我从缸里捉起几只较大的虾，发现它们的腹部藏着许多圆圆的卵。不久，缸里的小虾真的多了起来。

有时葡萄架上一片落叶掉进缸里，不一会儿，叶子下就会聚起许多小小的虾。

（选自部编人教版《语文·三年级下册》第 54～55 页）

一、朗读上面的材料第三、四自然段，找出其中含有声母 j、q、x 的词语，分别填入表格中的相应位置，并记住这些词语。(重复的词语只写一遍)

j	q	x

二、两人一组，互相朗读给对方听，并完成朗读互评记录表。

朗读互评记录表

评分项	成绩
他 / 她的发音很准确。	A B C D
他 / 她读得很流利。	A B C D
他 / 她的语速很合适。	A B C D

三、想一想，你所教的学科中还有哪些语篇中含有声母 j、q、x 的字、词比较多，找出来，分享给同学们，一起朗读。

综合实践二：教学用语示范

一、试着自然流利地读出下面的教学用语示例，注意那些含有声母 j、q、x 的字或词语，然后边听录音边修正自己的发音。

1. 请大家判断一下，这张图中哪部分是实像，哪部分是虚像。
2. 区别是什么？有没有同学想得比较全面？可以试着回答一下。
3. 这条就是实际光线的反向延长线，看得清楚吧？
4. 仔细观察老师带来的千年虾，试着描写它们的形态。
5. 作者对千年虾的哪些身体部位进行了具体描写？
6. 把你的习作与课文内容相比较，看看一样不一样。

二、想一想，你所教的学科中还有哪些用语含有声母 j、q、x，记录在下面的横线上，与同学们分组交流。

1. _____
2. _____
3. _____

综合实践三：情境化任务

从下面的教学情境中选择一个，说一说你的想法。可以参考本课学习的内容，并和老师或者小组中的同学交流。表达时要特别注意那些含有声母 j、q、x 的字或词语的发音。

情境一

　　学生对上次课学习的"实像"和"虚像"理解得不太透彻，你会如何进一步解释一下？（建议参考朗读材料一做自由表述）

情境二

　　作为教师，你如何引导学生细致观察动物的外形、动作和习性？如何引导学生进行描写？请以具体动物为例设计教学内容。（建议参考朗读材料二做自由表述）

自评与收获

本课自评

是否完成本课所有练习	□ 全部完成	□ 完成大部分	□ 完成小部分
对学习成果是否满意	□ 非常满意	□ 满意	□ 不太满意

我的发音词典之 j、q、x

重点、难点内容	字：	
	词：	
	句：	
我觉得自己发音发得不错的内容	字：	
	词：	
	句：	
我觉得自己还没有完全掌握的内容	字：	
	词：	
	句：	

第 9 课　z、c、s

学习目标

★ 准确听辨并正确朗读含有声母 z、c、s 的字、词；

★ 通过归纳，自主建立含有声母 z、c、s 的专业领域发音词典；

★ 能比较准确地说出含有声母 z、c、s 的语句，运用于教学工作。

课前思考

在教学工作和生活中，你能想到哪些字、词含有声母 z、c、s？

● **分组讨论**：与小组成员一起讨论上述问题。

● **成果交流**：与全班分享讨论结果，选出符合条件的字、词。

快速起步：单字

录音"码"上听

练耳

听单音节字词，写出你听到的音节的声母。

1. ＿＿＿　　2. ＿＿＿　　3. ＿＿＿　　4. ＿＿＿　　5. ＿＿＿　　6. ＿＿＿

7. ＿＿＿　　8. ＿＿＿　　9. ＿＿＿　　10. ＿＿＿　　11. ＿＿＿　　12. ＿＿＿

开口

按照不同的声母归纳下面的字，并朗读这些字。

森	草	淬	贼	作	蚕
损	讼	栽	俗	籽	沧

声母是 z 的字有：＿＿＿＿＿＿＿＿＿＿＿＿＿＿＿＿＿＿＿＿＿＿＿

声母是 c 的字有：＿＿＿＿＿＿＿＿＿＿＿＿＿＿＿＿＿＿＿＿＿＿＿

声母是 s 的字有：＿＿＿＿＿＿＿＿＿＿＿＿＿＿＿＿＿＿＿＿＿＿＿

动脑

记住上题中每个字的发音，并试着给每个字组两个词。

栽：_____ _____　　贼：_____ _____　　籽：_____ _____　　作：_____ _____

沧：_____ _____　　蚕：_____ _____　　草：_____ _____　　淬：_____ _____

森：_____ _____　　俗：_____ _____　　损：_____ _____　　讼：_____ _____

精准突破：词语

录音"码"上听

练耳

一、听录音，按照你听到的顺序在词语前的方框中标出序号，并朗读这些词语。

1.□ 醋酸　　　　　□ 色彩　　　　　□ 平仄　　　　　□ 瓶子

2.□ 合奏　　　　　□ 咳嗽　　　　　□ 岁首　　　　　□ 厕所

3.□ 三人行　　　　□ 散热器　　　　□ 杂物箱　　　　□ 紫外线

二、听录音，选出你听到的拼音，并把对应的选项填入括号中。

（　　） 1. A sì jì　　　　　　B sì jí　　　　　　C sī jī

（　　） 2. A sè sù　　　　　　B zǔ sè　　　　　　C cè sù

（　　） 3. A cì jī　　　　　　B cí jí　　　　　　C cí qì

（　　） 4. A cóng cǐ　　　　　B cōng sī　　　　　C sōng zǐ

（　　） 5. A cè miàn　　　　　B cì mì　　　　　　C cuī mián

（　　） 6. A zī zhū　　　　　　B sī shú　　　　　　C cí shū

开口

一、给下列词语中的加点字标出声母，并朗读这些词语。

1. _____　　2. _____　　3. _____　　4. _____

挫损　　　　　　窸窣　　　　　　存在　　　　　　杂碎

5. _____　　6. _____　　7. _____　　8. _____

纵坐标　　　　　寸草心　　　　　小苏打　　　　　载物台

9. _____　　10. _____　　11. _____　　12. _____

四则运算　　　　不知所措　　　　操纵自如　　　　色彩斑斓

二、朗读下列词语，注意每组词语之间的发音差别。

1. A 四季 　　　　　　B 四极 　　　　　　C 司机

2. A 色素 　　　　　　B 阻塞 　　　　　　C 测速

3. A 刺激 　　　　　　B 磁极 　　　　　　C 瓷器

4. A 从此 　　　　　　B 葱丝 　　　　　　C 松子

5. A 侧面 　　　　　　B 次幂 　　　　　　C 催眠

6. A 镏铢 　　　　　　B 私塾 　　　　　　C 辞书

动脑

一、按照不同的声母归纳下面的词语，并记住它们的发音。

葱丝　　私塾　　司机　　阻塞　　次幂　　刺激　　测速　　催眠　　侧面

瓷器　　色素　　镏铢　　四极　　松子　　辞书　　四季　　磁极　　从此

含有声母 z 的词语有：_____

含有声母 c 的词语有：_____

含有声母 s 的词语有：_____

二、找出每组中声母组合模式相同的词语，小组讨论后，再写出三个声母组合模式相同的词语。

1. 智叟　　记诵　　拦阻　　平素　　酒肆　　罂粟

声母组合模式相同的词语有：_____

符合该组合模式的词语还有：_____

2. 挫损　　醋酸　　厕所　　测算　　蚕丝　　色彩

声母组合模式相同的词语有：_____

符合该组合模式的词语还有：_____

3. 塑造　　色泽　　宿醉　　算作　　紫苏　　碎钻

声母组合模式相同的词语有：_____

符合该组合模式的词语还有：_____

4. 磁铁　　陶瓷　　粗盐　　测量　　参数　　磁场

声母组合模式相同的词语有：_____

符合该组合模式的词语还有：_____

5. 造字　　自尊　　藏族　　在座　　杂记　　坐姿

声母组合模式相同的词语有：_____

符合该组合模式的词语还有：_____

6. 随俗　　祖籍　　酸楚　　速记　　塑形　　搜集

声母组合模式相同的词语有：_____

符合该组合模式的词语还有：_____

专项提升：语句

录音"码"上听

开口

选择与下列短语或句子中的加点字对应的拼音，把选项填入括号中，并朗读这些短语或句子。

(　　) 1. 将活塞向下压

　　A huósè　　　　　　B huósēi　　　　　　C huósāi

(　　) 2. 他攒着钱，走近柜台。

　　A zuànzhe　　　　　B zǎnzhe　　　　　　C cuánzhe

(　　) 3. 潜艇有一个很大的压载舱。

　　A yāzàicāng　　　　B yāzǎicāng　　　　　C yàzǎicāng

(　　) 4. 有些恐龙像它们的祖先一样用两足奔跑，有些恐龙则用四足行走。

　　A zǔxiān　　　　　　B zhǔxiān　　　　　　C jǔxiān

(　　) 5. 小屋粗制滥造，出自一个农村木匠之手。

　　A cūzhì-lànzào　　　B cūzì-lànzào　　　　C cūzhì-lànzhào

(　　) 6. 组距是指每组的最高数值与最低数值之间的距离。

　　A zǔqù　　　　　　　B zǔjù　　　　　　　C zhǔjù

动脑

朗读下列短语或句子，并按照每题的要求找出相应的字，注意这些字的读音。(重复的字只写一遍)

1. 熟读深思子自知

声母是 z 的字有：_____

2. 青树翠蔓，蒙络摇缀，参差披拂。

声母是 c 的字有：_____

3. 犬牙是用来撕碎食物的。

声母是 s 的字有：_____

4. 蚕的一生从在蚕卵中破壳而出到蚕蛾最终死亡，大约为 56 天。

声母是 z 的字有：_____

声母是 c 的字有：_____

声母是 s 的字有：_____

5. 参照物指研究物体运动时所选定的参照物体或彼此不做相对运动的物体系。

声母是 z 的字有：_____

声母是 c 的字有：_____

声母是 s 的字有：_____

6. 纯醋酸水溶液呈弱酸性且腐蚀性强，其蒸汽对眼和鼻有刺激性作用。

声母是 z 的字有：_____

声母是 c 的字有：_____

声母是 s 的字有：_____

综合实践：语篇

录音"码"上听

综合实践一：专业材料朗读

材料一

关于元素周期律，要掌握：（1）同一周期元素的原子核外电子层数相同，原子序数、最外层电子数从左向右依次增加。（2）除第一周期外，每个周期开头是金属元素，靠近尾部的是非金属元素，结尾是稀有气体。（3）同一族的元素，原子最外层电子数相同，化学性质相似，从上到下，电子层数依次增多。

（改写自《中学教材全解·九年级化学上册》第 94 页）

一、朗读上面的材料，找出材料中含有声母 z、c、s 的词语，分别填入表格中的相应位置，并记住这些词语。（重复的词语只写一遍）

Z	C	S

二、朗读下面的目标句，录音，提交给教师并获得反馈。完成朗读测评记录表。

目标句：同一周期元素的原子核外电子层数相同，原子序数、最外层电子数从左向右依次增加。

朗读测评记录表

次数	成绩	记录
我读了＿＿遍。	我的成绩是＿＿分。	我需要注意＿＿＿＿＿＿的发音。

材料二

　　计算教学部分不仅要突出"凑十"的计算规律，还要体现出"算法多样化"的教学理念。所谓"算法多样化"，具体到本册教材，措施如下：一方面，在例题讲解中应呈现多种计算方法，允许学生采用自己认为合适的方法进行计算，教师不应急于评价各种算法的优劣，尊重学生的自主选择。另一方面，针对不同例题，教师应鼓励学生自主探索，让学生根据不同的现实问题情景，采用不同的算法来解决计算问题。这样做可以使学生自发地比较各种算法的特点，找到适用于自己的算法。在计算过程中，教师可以提供"凑十"的简捷算法，但不应要求学生能准确说明算理。

（改写自人教版《教师教学用书·数学一年级上册》第 5 页）

一、朗读上面的材料，找出材料中含有声母 z、c、s 的词语，分别填入表格中的相应位置，并记住这些词语。（重复的词语只写一遍）

Z	C	S

二、两人一组，互相朗读给对方听，并完成朗读互评记录表。

朗读互评记录表

评分项	成绩			
他／她的发音很准确。	A	B	C	D
他／她读得很流利。	A	B	C	D
他／她的语速很合适。	A	B	C	D

三、想一想，你所教的学科中还有哪些语篇中含有声母 z、c、s 的字、词比较多，找出来，分享给同学们，一起朗读。

综合实践二：教学用语示范

一、试着自然流利地读出下面的教学用语示例，注意那些含有声母 z、c、s 的字或词语，然后边听录音边修正自己的发音。

1.请早到的同学自己默写元素周期表，字迹要清楚。

2.大家在做这道题时，对电子层的层数算得不清楚，请再读一下题目。

3.这节课的重点内容就是要掌握这三点，仔仔细细地记住，周四测验。

4.曹翠苏同学的算法不错，还有谁有不同的算法？

5.刚才的三组同学展示了几种"凑十"的算法？

6.还记得"凑十法"的歌词吗？

二、想一想，你所教的学科中还有哪些用语含有声母 z、c、s，记录在下面的横线上，与同学们分组交流。

1.＿＿＿＿＿＿＿＿＿＿＿＿＿＿＿＿＿＿＿＿＿＿＿＿＿＿＿＿＿＿＿＿＿

2.＿＿＿＿＿＿＿＿＿＿＿＿＿＿＿＿＿＿＿＿＿＿＿＿＿＿＿＿＿＿＿＿＿

3.＿＿＿＿＿＿＿＿＿＿＿＿＿＿＿＿＿＿＿＿＿＿＿＿＿＿＿＿＿＿＿＿＿

综合实践三：情境化任务

从下面的教学情境中选择一个，说一说你的想法。可以参考本课学习的内容，并和老师或者小组中的同学交流。表达时要特别注意那些含有声母 z、c、s 的字或词语的发音。

情境一

学习完元素周期律，你要给学生做一个简单的小结，你会如何讲授呢？（建议参考朗读材料一做自由表述）

情境二

怎样理解"算法多样化"的教学理念？（建议参考朗读材料二做自由表述）

自评与收获

本课自评

是否完成本课所有练习	□ 全部完成	□ 完成大部分	□ 完成小部分
对学习成果是否满意	□ 非常满意	□ 满意	□ 不太满意

我的发音词典之 z、c、s

重点、难点内容	字：
	词：
	句：
我觉得自己发音发得不错的内容	字：
	词：
	句：
我觉得自己还没有完全掌握的内容	字：
	词：
	句：

第 10 课　zh、ch、sh、r

学习目标

★ 准确听辨并正确朗读含有声母 zh、ch、sh、r 的字、词；

★ 通过归纳，自主建立含有声母 zh、ch、sh、r 的专业领域发音词典；

★ 能比较准确地说出含有声母 zh、ch、sh、r 的语句，运用于教学工作。

课前思考

在教学工作和生活中，你能想到哪些字、词含有声母 zh、ch、sh、r？

● **分组讨论**：与小组成员一起讨论上述问题。

● **成果交流**：与全班分享讨论结果，选出符合条件的字、词。

快速起步：单字

录音"码"上听

练耳

听单音节字词，写出你听到的音节的声母。

1. ＿＿＿　　2. ＿＿＿　　3. ＿＿＿　　4. ＿＿＿　　5. ＿＿＿　　6. ＿＿＿

7. ＿＿＿　　8. ＿＿＿　　9. ＿＿＿　　10. ＿＿＿　　11. ＿＿＿　　12. ＿＿＿

开口

按照不同的声母归纳下面的字，并朗读这些字。

展	蕊	摔	戳	畜	榨
驶	韧	熔	稠	韶	蒸

声母是 zh 的字有：＿＿＿＿＿＿＿＿＿＿＿＿＿＿＿＿＿＿＿＿＿＿＿＿＿＿

声母是 ch 的字有：＿＿＿＿＿＿＿＿＿＿＿＿＿＿＿＿＿＿＿＿＿＿＿＿＿＿

声母是 sh 的字有：＿＿＿＿＿＿＿＿＿＿＿＿＿＿＿＿＿＿＿＿＿＿＿＿＿＿

声母是 r 的字有：＿＿＿＿＿＿＿＿＿＿＿＿＿＿＿＿＿＿＿＿＿＿＿＿＿＿

动脑

记住上题中每个字的发音，并试着给每个字组两个词。

蒸：_____   熔：_____   展：_____   榨：_____

戳：_____   稠：_____   蕊：_____   畜：_____

摔：_____   韶：_____   驶：_____   韧：_____

精准突破：词语

录音"码"上听

练耳

一、听录音，按照你听到的顺序在词语前的方框中标出序号，并朗读这些词语。

1. □ 手术   □ 踌躇   □ 哂笑   □ 尘嚣
2. □ 溶解   □ 烧碱   □ 踟蹰   □ 支轴
3. □ 日出   □ 认输   □ 滞留   □ 支流

二、听录音，选出你听到的拼音，并把对应的选项填入括号中。

（   ）1. A rěnràng   B réngrán   C rěnrǎn

（   ）2. A zhìshǐ   B zhéshè   C zhǐshì

（   ）3. A shēnhuà   B shēnghuá   C shǒuhéng

（   ）4. A chùlì   B zhùlì   C shùlì

（   ）5. A zhǎnshì   B chǎnshì   C shànshí

（   ）6. A zhānrǎn   B chuánrǎn   C shānrán

开口

一、给下列词语中的加点字标出声母，并朗读这些词语。

1. _____   2. _____   3. _____   4. _____
   双重   朝日   潸然   崇尚

5. _____   6. _____   7. _____   8. _____
   钟乳石   折叠尺   助燃剂   炊事员

9. _____   10. _____   11. _____   12. _____
   出水芙蓉   苗壮成长   转瞬即逝   繁荣昌盛

二、朗读下列词语，注意每组词语之间的发音差别。

1. A 忍让　　　　　　B 仍然　　　　　　C 荏苒
2. A 致使　　　　　　B 折射　　　　　　C 指示
3. A 深化　　　　　　B 升华　　　　　　C 守恒
4. A 矗立　　　　　　B 伫立　　　　　　C 树立
5. A 展示　　　　　　B 阐释　　　　　　C 膳食
6. A 沾染　　　　　　B 传染　　　　　　C 潸然

动脑

一、按照不同的声母归纳下面的词语，并记住它们的发音。

深化　　仁立　　膳食　　沾染　　忍让　　折射　　指示　　仍然　　阐释
潸然　　致使　　矗立　　守恒　　荏苒　　展示　　传染　　升华　　树立

含有声母 zh 的词语有：_____

含有声母 ch 的词语有：_____

含有声母 sh 的词语有：_____

含有声母 r 的词语有：_____

二、找出每组中声母组合模式相同的词语，小组讨论后，再写出三个声母组合模式相同的词语。

1. 深入　　生日　　湿润　　骤然　　诗人　　衰弱

声母组合模式相同的词语有：_____

符合该组合模式的词语还有：_____

2. 染料　　冉冉　　饶恕　　妊娠　　蠕动　　嗜好

声母组合模式相同的词语有：_____

符合该组合模式的词语还有：_____

3. 轴承　　涨潮　　蟾蜍　　直尺　　筑巢　　整除

声母组合模式相同的词语有：_____

符合该组合模式的词语还有：_____

4. 筛查　　试纸　　设置　　树脂　　数值　　失重

声母组合模式相同的词语有：_____

符合该组合模式的词语还有：_____

5.箴言　　张弛　　拯救　　成长　　毡鞋　　执掌

声母组合模式相同的词语有：＿＿＿＿＿＿＿＿＿＿＿＿＿＿＿

符合该组合模式的词语还有：＿＿＿＿＿＿＿＿＿＿＿＿＿＿

6.周长　　惆怅　　冲程　　驰骋　　差池　　拆穿

声母组合模式相同的词语有：＿＿＿＿＿＿＿＿＿＿＿＿＿＿＿

符合该组合模式的词语还有：＿＿＿＿＿＿＿＿＿＿＿＿＿＿

专项提升：语句

录音"码"上听

开口

选择与下列短语或句子中的加点字对应的拼音，把选项填入括号中，并朗读这些短语或句子。

（　　）1. 牛奶属于乳制品。

A lǔzìpǐn　　　　　　B rǔzhìpǐn　　　　　　C rǔzìpǐn

（　　）2. 钟山只隔数重山

A shǔ chóng shān　　B shù zhòng shān　　C shù chóng shān

（　　）3. 须鲸的水柱是垂直的。

A chuíjí　　　　　　B cuízí　　　　　　　　C chuízhí

（　　）4. 他对普通话生疏，于是不耻下问，让我帮他修润。

A bùchǐ-xiàwèn　　B bùcǐ-xiàwèn　　　C bùzhǐ-xiàwèn

（　　）5. 给烧杯加热时要垫上石棉网，以均匀供热。

A sāobēi　　　　　　B shāobēi　　　　　　C shāobēn

（　　）6. 钟乳石的形成往往需要上万年或几十万年时间。

A zōngrǔsí　　　　　B zōngrǔshí　　　　　C zhōngrǔshí

动脑

朗读下列句子，并按照每题的要求找出相应的字，注意这些字的读音。（重复的字只写一遍）

1. 中国发射的"神舟九号"飞船绕地球一周约用九十分钟。

声母是 zh 的字有：＿＿＿＿＿＿＿＿＿＿＿＿＿＿＿＿＿＿＿＿

2. 月球对地球的引力可以使地球上的海平面升高或下降，形成有规律的涨潮和退潮。

声母是 ch 的字有：_____

3. 这里树少，草少，土也很少，却驻扎着一群海军士兵。

声母是 sh 的字有：_____

4. 两个锐角相加不一定大于直角，但一定小于平角。

声母是 r 的字有：_____

5. 他们疲倦至极，已不抱任何希望，只是靠着迷迷糊糊的直觉支撑着身体，迈着蹒跚的步履。

声母是 zh 的字有：_____

声母是 ch 的字有：_____

声母是 sh 的字有：_____

声母是 r 的字有：_____

6. 后来太阳才慢慢地冲出重围，出现在天空，甚至把黑云也染成了紫色或者红色。

声母是 zh 的字有：_____

声母是 ch 的字有：_____

声母是 sh 的字有：_____

声母是 r 的字有：_____

综合实践：语篇

录音"码"上听

综合实践一：专业材料朗读

材料一

　　把一个图形沿着某一条直线折叠，如果它能够与另一个图形重合，那么我们就说这两个图形关于这条直线成轴对称，这条直线就是对称轴，折叠后重合的点是对应点，叫作对称点。判断轴对称图形，要采用"对折"的方法，看看能否找到一条直线，使得直线两旁的部分完全重合。若能，则为轴对称图形；若不能，则不是轴对称图形。寻找对称轴要多角度观察图形。

（改写自《中学教材全解·八年级数学上册》第 77 ～ 78 页）

一、朗读上面的材料，找出材料中含有声母 zh、ch、sh、r 的词语，分别填入表格中的相应位置，并记住这些词语。（重复的词语只写一遍）

zh	ch	sh	r

二、朗读下面的目标句，录音，提交给教师并获得反馈。完成朗读测评记录表。

目标句：把一个图形沿着某一条直线折叠，如果它能够与另一个图形重合，那么我们就说这两个图形关于这条直线成轴对称。

朗读测评记录表

次数	成绩	记录
我读了____遍。	我的成绩是____分。	我需要注意_____的发音。

材料二

　　古语说得好，"如释重负"；俗语亦说的是，"心上一块石头落了地"。人到这个时候，那种轻松愉快，真是不可以言语形容。责任越重大，负责的日子越久长，到责任完了时，海阔天空，心安理得，那种快乐还要加几倍哩！大抵天下事，从苦中得来的乐，才算是真乐。人生须知道负责任的苦处，才能知道有尽责任的乐处。这种苦乐循环，便是这有活力的人间一种趣味。不尽责任，受良心责备，这些苦都是自己找来的。一翻过去，处处尽责任，便处处快乐；时时尽责任，便时时快乐。快乐之权操之在己，孔子所以说"无入而不自得"，正是这种作用。

（节选自部编人教版《语文·七年级下册》第 93 页）

一、朗读上面的材料，找出材料中含有声母 zh、ch、sh、r 的词语，分别填入表格中的相应位置，并记住这些词语。（重复的词语只写一遍）

zh	ch	sh	r

二、两人一组，互相朗读给对方听，并完成朗读互评记录表。

朗读互评记录表

评分项	成绩
他 / 她的发音很准确。	A B C D
他 / 她读得很流利。	A B C D
他 / 她的语速很合适。	A B C D

三、想一想，你所教的学科中还有哪些语篇中含有声母 zh、ch、sh、r 的字、词比较多，找出来，分享给同学们，一起朗读。

综合实践二：教学用语示范

一、试着自然流利地读出下面的教学用语示例，注意那些含有声母 zh、ch、sh、r 的字或词语，然后边听录音边修正自己的发音。

1. 在家里找一些有对称图案的物品，明天把那个物品或者它的照片带到教室来。
2. 寻找对称轴，是解题的入口，找到对称轴，再检查直线两旁的部分是不是完全重合。
3. 请大家为这只水杯设计外观，要求使用对称图形。
4. 说说作者是如何处理"痛苦"和"重负"的。
5. 找出文中描述人生苦乐的语句，抄在本子上。
6. 你还知道哪些关于人生的名句？

二、想一想，你所教的学科中还有哪些用语含有声母 zh、ch、sh、r，记录在下面的横线上，与同学们分组交流。

1. _____
2. _____
3. _____

综合实践三：情境化任务

从下面的教学情境中选择一个，说一说你的想法。可以参考本课学习的内容，并和老师或者小组中的同学交流。表达时要特别注意那些含有声母 zh、ch、sh、r 的字或词语的发音。

情境一

要把轴对称图形讲清楚，你会重点讲什么内容？（建议参考朗读材料一做自由表述）

情境二

请你结合课文内容，说一说如何引导学生正确理解梁启超所说的"苦"和"乐"。（建议参考朗读材料二做自由表述）

自评与收获

本课自评

是否完成本课所有练习	□ 全部完成	□ 完成大部分	□ 完成小部分
对学习成果是否满意	□ 非常满意	□ 满意	□ 不太满意

我的发音词典之 zh、ch、sh、r

重点、难点内容	字：	
	词：	
	句：	
我觉得自己发音发得不错的内容	字：	
	词：	
	句：	
我觉得自己还没有完全掌握的内容	字：	
	词：	
	句：	

录音文本及参考答案

第1课　a、o、e

快速起步：单字

练耳

【录音文本】

1.蕙　2.拔　3.洒　4.歌　5.发　6.墨　7.砸　8.瑟　9.泊　10.帕　11.叵　12.壳

【参考答案】

1.e　2.o　3.a　4.e　5.a　6.o　7.a　8.e　9.o　10.a　11.o　12.e

开口

【参考答案】

韵母是 a 的字有：搭、爬、纳、码

韵母是 o 的字有：默、跛、婆、波

韵母是 e 的字有：者、隔、科、赫

动脑

【参考答案】

搭：搭配　白搭　　　爬：爬山　攀爬　　　码：数码　号码　　　纳：纳米　容纳

波：波浪　电波　　　婆：老婆　外婆　　　跛：跛足　跛子　　　默：默默　沉默

科：科学　科技　　　隔：隔离　隔壁　　　者：学者　记者　　　赫：赫兹　显赫

精准突破：词语

练耳

一、【录音文本】

1.石墨　　　　麻纺　　　　磨坊　　　　什么

2.模拟　　　　纳米　　　　胳膊　　　　破壳

3.玻璃体　　　卡路里　　　电磁波　　　罗布泊

【参考答案】

1.4-1-3-2

2.2-1-4-3

3.1-2-4-3

二、【录音文本】

　1.拔河　　　2.萝卜　　　3.波折　　　4.玻璃　　　5.场合　　　6.膈膜

　【参考答案】

　1.B　　　2.C　　　3.B　　　4.A　　　5.B　　　6.C

开口

一、【参考答案】

1.a a	2.a o	3.a o	4.e e
5.e e	6.o e	7.o e	8.e
9.o	10.e	11.a a e	12.e e

动脑

一、【参考答案】

　含有韵母 a 的词语有：拔河、罢课、八哥

　含有韵母 o 的词语有：茉莉、萝卜、巨测、胳膊、玻璃、膈膜、笸箩、磨砺、波折、
　　　　　　　　　　　　菠萝、割破

　含有韵母 e 的词语有：抛射、巨测、拔河、胳膊、嫦娥、膈膜、波折、罢误、八哥、
　　　　　　　　　　　　场合、割破

二、【参考答案】

　1.韵母组合模式相同的词语有：拨号、模型、坡度、默算、铂金

　　符合该组合模式的词语还有：博取、迫切、陌生

　　提示：本组词语只有"期末"是第二个音节的韵母为"o"，其他词语都是第一个音
　　　　　节的韵母为"o"。

　2.韵母组合模式相同的词语有：测量、热值、折射、色光、割线

　　符合该组合模式的词语还有：侧面、克拉、赫兹

　　提示：本组词语只有"液态"第一个音节的韵母为"ie"，其他词语第一个音节的
　　　　　韵母都是"e"。

　3.韵母组合模式相同的词语有：甘蔗、多么、吆喝、炎热、集合

　　符合该组合模式的词语还有：沿着、惊愕、快乐

　　提示：本组词语只有"约莫"第二个音节的韵母为"o"，其他词语第二个音节的韵
　　　　　母都是"e"。

4. 韵母组合模式相同的词语有：瘠薄、淡漠、锡箔、偏颇、埋没

   符合该组合模式的词语还有：磅礴、吞没、沉默

    提示：本组词语只有"上颌"第二个音节的韵母为"e"，其他词语第二个音节的韵母都是"o"。

5. 韵母组合模式相同的词语有：磨合、莫测、薄荷、波折、伯乐

   符合该组合模式的词语还有：叵测、破车、墨盒

    提示：本组词语只有"舍得"的韵母组合模式为"-e-e"，其他词语的韵母组合模式都是"-o-e"。

6. 韵母组合模式相同的词语有：车辙、折射、隔热、色泽、合格

   符合该组合模式的词语还有：隔阂、可乐、特色

    提示：本组词语只有"膈膜"的韵母组合模式为"-e-o"，其他词语的韵母组合模式都是"-e-e"。

专项提升：语句

开口

【参考答案】

1. A   2. C   3. A   4. A   5. C   6. C

动脑

【参考答案】

1. 韵母是 a 的字有：插、拔

2. 韵母是 o 的字有：磨、迫

3. 韵母是 e 的字有：苛

4. 韵母是 a 的字有：他、大、拿

   韵母是 o 的字有：默

   韵母是 e 的字有：得、了、地

5. 韵母是 a 的字有：喀

   韵母是 o 的字有：泊

   韵母是 e 的字有：特、的

6. 韵母是 a 的字有：大、它

   韵母是 o 的字有：波

   韵母是 e 的字有：热

综合实践：语篇

综合实践一：专业材料朗读

材料一

一、【参考答案】

a	o	e
妈妈、激发、大胆	水墨、播放、笔墨、切莫、墨色、勾抹、摸索	的、初始课、可以、蝌蚪、和、特点、墨色

材料二

一、【参考答案】

a	o	e
观察、把、喇叭、拿掉、沙、音叉、发声、发生	传播、模拟、鼓膜	的、呢、和、什么、预测、个、这个

第 2 课　i、u、ü

快速起步：单字

练耳

【录音文本】

1.曦　2.努　3.记　4.鱼　5.女　6.移　7.厨　8.雾　9.岖　10.苏　11.俾　12.氯

【参考答案】

1.i　2.u　3.i　4.ü　5.ü　6.i　7.u　8.u　9.ü　10.u　11.i　12.ü

开口

【参考答案】

韵母是 i 的字有：溺、锡、祈、体

韵母是 u 的字有：读、入、污、普

韵母是 ü 的字有：许、滤、居、余

动脑

【参考答案】

锡：锡纸　锡箔	祈：祈祷　祈使句	体：体育　身体	溺：溺爱　沉溺
污：污染　排污	读：读书　研读	普：普遍　科普	入：入门　深入
居：居然　邻居	余：余数　剩余	许：许多　也许	滤：滤网　过滤

精准突破：词语

练耳

一、【录音文本】

1. 虚浮	拘束	旗帜	集市
2. 绮丽	正数	依据	生物
3. 记忆	七律	鲫鱼	距离

【参考答案】

1. 4 - 3 - 2 - 1
2. 2 - 4 - 1 - 3
3. 1 - 3 - 4 - 2

二、【录音文本】

1. 乙醚　　2. 思虑　　3. 栖息　　4. 加入　　5. 利禄　　6. 淤泥

【参考答案】

1. B	2. A	3. B	4. C	5. A	6. B

开口

一、【参考答案】

1. u	2. ü	3. u	4. ü
5. i ü	6. u i	7. ü u	8. u
9. ü ü u	10. u u i	11. u ü	12. i ü

动脑

一、【参考答案】

含有韵母 i 的词语有：利率、厘米、污泥、栖息、鲤鱼、巨蜥、汲取、积习、利禄、
淤泥、乙醚、旖旎

含有韵母 u 的词语有：加入、假如、污泥、利禄

含有韵母 ü 的词语有：利率、驾驭、铝膜、思虑、鲤鱼、巨蜥、汲取、诗律、淤泥

二、【参考答案】

  1. 韵母组合模式相同的词语有：布局、数据、除去、速率、首蓿
     符合该组合模式的词语还有：储蓄、读取、谷雨

     提示：本组词语只有"物体"的韵母组合模式为"-u-i"，其他词语的韵母组合模式
       都是"-u-ü"。

  2. 韵母组合模式相同的词语有：杜甫、祝福、读书、鼓舞、酷暑
     符合该组合模式的词语还有：图书、复苏、葫芦

     提示：本组词语只有"屋宇"的韵母组合模式为"-u-ü"，其他词语的韵母组合模
       式都是"-u-u"。

  3. 韵母组合模式相同的词语有：密度、吸附、低估、系数、底部
     符合该组合模式的词语还有：基数、题目、激素

     提示：本组词语只有"无意"的韵母组合模式为"-u-i"，其他词语的韵母组合模式
       都是"-i-u"。

  4. 韵母组合模式相同的词语有：吸取、崎岖、比喻、戏剧、寄居
     符合该组合模式的词语还有：依据、其余、期许

     提示：本组词语只有"聚集"的韵母组合模式为"-ü-i"，其他词语的韵母组合模式
       都是"-i-ü"。

  5. 韵母组合模式相同的词语有：初级、处理、肚皮、浮力、固体
     符合该组合模式的词语还有：陆地、阻力、污迹

     提示：本组词语只有"鼻涕"的韵母组合模式为"-i-i"，其他词语的韵母组合模式
       都是"-u-i"。

  6. 韵母组合模式相同的词语有：拮据、觊觎、陆续、赋予、谋取
     符合该组合模式的词语还有：刑律、地域、愁绪

     提示：本组词语只有"辑录"第二个音节的韵母为"u"，其他词语第二个音节的韵
       母都是"ü"。

专项提升：语句

开口

【参考答案】

  1. B   2. A   3. B   4. B   5. C   6. B

动脑

【参考答案】

1. 韵母是 i 的字有：己

2. 韵母是 u 的字有：不、属、哺、乳、物

3. 韵母是 ü 的字有：雨

4. 韵母是 i 的字有：体、以、吸

   韵母是 u 的字有：呼

   韵母是 ü 的字有：育

5. 韵母是 i 的字有：隙

   韵母是 u 的字有：如

   韵母是 ü 的字有：驹、去、于

6. 韵母是 i 的字有：气

   韵母是 u 的字有：物、除、数、如

   韵母是 ü 的字有：氯、许

综合实践：语篇

综合实践一：专业材料朗读

材料一

一、【参考答案】

i	u	ü
发声体、记录、物体、一样、早期、机械、技术、激光	如果、记录、物体、发出、如、技术、存储卡	规律、需要、去

材料二

一、【参考答案】

i	u	ü
地形、崎岖、汽车、这里、彝族、联袂把臂、翩翩起舞、一、绚丽多姿	民俗、运输、不、彝族、苗族、芦笙、翩翩起舞、幅	崎岖、男女、聚会

第 3 课 b、d、g

快速起步：单字

练耳

【录音文本】

1. 国 2. 导 3. 包 4. 岱 5. 变 6. 墩 7. 鳖 8. 敌 9. 股 10. 共 11. 比 12. 该

【参考答案】

1. g 2. d 3. b 4. d 5. b 6. d 7. b 8. d 9. g 10. g 11. b 12. g

开口

【参考答案】

声母是 b 的字有：迸、别、冰、扁

声母是 d 的字有：滴、动、德、碘

声母是 g 的字有：甘、构、汞、格

动脑

【参考答案】

冰：冰雹　干冰	别：别人　离别	扁：扁担　压扁	迸：迸发　迸裂
滴：点滴　水滴石穿	德：德育　品德	碘：碘盐　碘酒	动：动态　活动
甘：心甘情愿　甘霖	格：格式　合格	汞：汞矿　汞灯	构：构图　结构

精准突破：词语

练耳

一、【录音文本】

1. 光缆　　　编程　　　别针　　　概率

2. 鬓边　　　电阻　　　弊病　　　单质

3. 淡薄　　　辨认　　　别人　　　颠簸

【参考答案】

1. ③-②-④-①

2. ②-④-①-③

3. ④-①-③-②

二、【录音文本】

1. 断电   2. 丙烷   3. 包裹   4. 隔壁   5. 原点   6. 碧波

【参考答案】

1. A   2. A   3. C   4. A   5. C   6. A

开口

一、【参考答案】

1. g	2. b b	3. g d	4. d d
5. b b	6. d b	7. d g	8. g b d
9. g d	10. g g d	11. b	12. g d

动脑

一、【参考答案】

含有声母 b 的词语有：鹁鸪、闭馆、波纹、戈壁、批驳、丙烷、包裹、隔壁、逼迫、胳膊、碧波、不过

含有声母 d 的词语有：原点、观点、涌动、音调、断电、端点

含有声母 g 的词语有：鹁鸪、闭馆、观点、戈壁、包裹、隔壁、胳膊、不过

二、【参考答案】

1. 声母组合模式相同的词语有：隔热、光速、钩码、滚动、过滤

   符合该组合模式的词语还有：惯性、感应、轨道

   提示：本组词语只有"求根"是第二个音节的声母为"g"，其他词语都是第一个音节的声母为"g"。

2. 声母组合模式相同的词语有：导弹、顶点、电动、地带、导电

   符合该组合模式的词语还有：低等、得到、抖动

   提示：本组词语只有"地壳"的声母组合模式为"d-q-"，其他词语的声母组合模式都是"d-d-"。

3. 声母组合模式相同的词语有：对比、代表、打扮、躲避、独白

   符合该组合模式的词语还有：底部、读本、地板

   提示：本组词语只有"博大"的声母组合模式为"b-d-"，其他词语的声母组合模式都是"d-b-"。

4. 声母组合模式相同的词语有：江皋、调羹、麦秆、枯槁、田埂

   符合该组合模式的词语还有：灌溉、提供、进贡

   提示：本组词语只有"门槛"第二个音节的声母为"k"，其他词语第二个音节的声母都是"g"。

5. 声母组合模式相同的词语有：冬瓜、滴管、稻谷、单杠、灯光

　 符合该组合模式的词语还有：打嗝、导管、弹弓

　　提示：本组词语只有"导体"的声母组合模式为" d-t-"，其他词语的声母组合模
　　　　　式都是" d-g-"。

6. 声母组合模式相同的词语有：抵挡、遁词、跌宕、敦促、陡壁

　 符合该组合模式的词语还有：痘苗、督促、兑换

　　提示：本组词语只有"利弊"第一个音节的声母为" l"，其他词语第一个音节的声
　　　　　母都是" d"。

专项提升：语句

开口

【参考答案】

1. A　　　　　2. C　　　　　3. C　　　　　4. B　　　　　5. C　　　　　6. B

动脑

【参考答案】

1. 声母是 b 的字有：表、不

2. 声母是 d 的字有：舵、的、大、地

3. 声母是 g 的字有：硅、光

4. 声母是 b 的字有：遍、标

　 声母是 d 的字有：单、的、度

　 声母是 g 的字有：国

5. 声母是 b 的字有：边、碧

　 声母是 d 的字有：的、地、都

　 声母是 g 的字有：挂、瓜

6. 声母是 b 的字有：贝

　 声母是 d 的字有：动、的、大、胆

　 声母是 g 的字有：肝、固

综合实践：语篇

综合实践一：专业材料朗读
材料一
一、【参考答案】

b	d	g
保证、并且、比较、疾病、得病、保护、不要、蛋白质、必须	的、得（dé）、呼吸道、锻炼、得病、得（de）、大量、动物、蛋白质、胆固醇、多、豆类、等、定时、定量	各个、各负其责、各、工作、气管炎、如果、骨头、坚固、关节、牢固、胆固醇、过量、水果

材料二
一、【参考答案】

b	d	g
膀阔腰圆、把式、摆弄、鞭花、北运河、边、打抱不平、不、八、古北口、奔走、百、鞭、奔逃、不但、保镖	何大学问、人高马大、的、当、大、刀、地主、打、大话、东门、都、耳朵、打抱不平、两肋插刀、待、驿道、地、躲、不但、多少、倒	人高马大、关公、过、给、赶车、这个、个、敢、改行、赶、古北口、古、杆、管束、乖乖、山谷、雇、三顾茅庐

第4课　p、t、k

快速起步：单字

练耳
【录音文本】

1.沱　2.撇　3.廓　4.剖　5.硼　6.孔　7.挑　8.岿　9.舔　10.套　11.配　12.诳

【参考答案】

1. t　2. p　3. k　4. p　5. p　6. k　7. t　8. k　9. t　10. t　11. p　12. k

开口

【参考答案】

声母是 p 的字有：骗、烹、培、普

声母是 t 的字有：挺、童、眺、推

声母是 k 的字有：苛、矿、考、魁

动脑

【参考答案】

烹：烹饪 兔死狗烹	培：培养皿 安培	普：普遍 科普	骗：骗子 欺骗	
推：推动 类推	童：童话 儿童	挺：挺拔 坚挺	眺：眺望 极目远眺	
苛：苛刻 严苛	魁：魁梧 一举夺魁	考：考试 思考	矿：矿物质 煤矿	

精准突破：词语

练耳

一、**【录音文本】**

1. 体贴　　　　水桶　　　　疏通　　　　梯田
2. 调侃　　　　诓骗　　　　扩编　　　　探看
3. 铁矿　　　　弹簧　　　　梯形　　　　提纯

【参考答案】

1. 2-3-1-4
2. 1-4-2-3
3. 2-1-3-4

二、**【录音文本】**

1. 偏旁　　2. 坎坷　　3. 铜芯　　4. 滂沱　　5. 矿产　　6. 攀升

【参考答案】

1. C　　　2. C　　　3. A　　　4. A　　　5. B　　　6. A

开口

一、**【参考答案】**

1. t t　　　　　2. k k　　　　　3. t p　　　　　4. k p

5. p p　　　　　6. p t　　　　　7. k k　　　　　8. t t

9. t t　　　　　10. k p　　　　　11. p t　　　　　12. p t

动脑

一、**【参考答案】**

含有声母 p 的词语有：攀升、澎湃、滂沱、偏旁、蟠桃、评判、旁证

含有声母 t 的词语有：投影、铜芯、滂沱、拓展、办妥、蟠桃、透镜

含有声母 k 的词语有：坎坷、宽阔、扩展、矿产、旷课

二、【参考答案】

1. 声母组合模式相同的词语有：贫困、凭空、瓶口、片刻、抛开

   符合该组合模式的词语还有：贫苦、劈开、赔款

   提示：本组词语只有"科普"的声母组合模式为"k-p-"，其他词语的声母组合模式都是"p-k-"。

2. 声母组合模式相同的词语有：平面、帕米、排气、品红、破例

   符合该组合模式的词语还有：漂白、披靡、攀比

   提示：本组词语只有"分配"是第二个音节的声母为"p"，其他词语都是第一个音节的声母为"p"。

3. 声母组合模式相同的词语有：苔痕、檀香、特长、拓展、誊写

   符合该组合模式的词语还有：剔除、滔天、投掷

   提示：本组词语只有"倒腾"是第二个音节的声母为"t"，其他词语都是第一个音节的声母为"t"。

4. 声母组合模式相同的词语有：天体、梯田、抬头、疼痛、听筒

   符合该组合模式的词语还有：铁塔、藤条、淘汰

   提示：本组词语只有"梯形"的声母组合模式为"t-x-"，其他词语的声母组合模式都是"t-t-"。

5. 声母组合模式相同的词语有：轮廓、辽阔、立刻、参考、仓库

   符合该组合模式的词语还有：依靠、任课、辛苦

   提示：本组词语只有"可爱"是第一个音节的声母为"k"，其他词语都是第二个音节的声母为"k"。

6. 声母组合模式相同的词语有：空调、枯藤、课题、抗体、开通

   符合该组合模式的词语还有：课堂、考题、垮塌

   提示：本组词语只有"推开"的声母组合模式为"t-k-"，其他词语的声母组合模式都是"k-t-"。

专项提升：语句

开口

【参考答案】

1. C   2. B   3. A   4. B   5. A   6. B

动脑

【参考答案】

1.声母是 p 的字有：澎、湃

2.声母是 t 的字有：兔、挺、跳

3.声母是 k 的字有：可、颗、空

4.声母是 p 的字有：泡、剖

  声母是 t 的字有：筒、它、图

  声母是 k 的字有：开

5.声母是 p 的字有：（无）

  声母是 t 的字有：她、体、托、天

  声母是 k 的字有：空、酷

6.声母是 p 的字有：葡

  声母是 t 的字有：萄、糖、甜

  声母是 k 的字有：颗

综合实践：语篇

综合实践一：专业材料朗读

材料一

一、【参考答案】

p	t	k
橡皮筋、橡皮泥	弹力、通过、跳高、面团、铁丝、探究、弹性、特点、物体	可以、观看

材料二

一、【参考答案】

p	t	k
片、皮	北腿、太极、挑、条、云天、低头、天地、水土	棵、口、看

第 5 课　b-p、d-t、g-k

快速起步：单字

练耳

【录音文本】

1. 天　2. 淦　3. 凭　4. 遁　5. 铿　6. 彤　7. 壳　8. 被　9. 抛　10. 犷　11. 点　12. 饼

【参考答案】

1. t　2. g　3. p　4. d　5. k　6. t　7. k　8. b　9. p　10. g　11. d　12. b

开口

【参考答案】

声母是 b 的字有：驳、标

声母是 p 的字有：派、捧

声母是 d 的字有：叠、端

声母是 t 的字有：透、铁

声母是 g 的字有：规、隔

声母是 k 的字有：垦、扩

动脑

【参考答案】

标：标准　目标	驳：驳斥　反驳	捧：捧场　吹捧	派：派出所　分派
端：端正　争端	叠：叠加　重叠	铁：铁路　钢铁	透：透视　渗透
规：规则　墨守成规	隔：隔离　间隔	垦：垦荒　开垦	扩：扩展　扩充

精准突破：词语

练耳

一、【录音文本】

1. 贪图	逃脱	单独	道德
2. 瓢泼	偏僻	漂泊	辨别
3. 功课	空格	概括	跨过

【参考答案】

1. 4-2-3-1

2. 3-1-4-2

3. 1-2-3-4

二、【录音文本】

　　1. 争夺　　　2. 武功　　　3. 肱骨　　　4. 蹒跚　　　5. 半岛　　　6. 体温

【参考答案】

1. A　　　2. C　　　3. B　　　4. A　　　5. A　　　6. B

开口

一、【参考答案】

1. p d　　　　　2. b b　　　　　3. t g　　　　　4. d k

5. p g　　　　　6. b g b　　　　7. g b t　　　　8. k b

9. t b　　　　10. t d　　　　11. k g　　　　12. p p d t

动脑

一、【参考答案】

　　含有声母 b 的词语有：半套、斑比、半岛

　　含有声母 p 的词语有：蹒跚、蟠桃、偏僻、皮纹

　　含有声母 d 的词语有：众多、争夺、低温、半岛

　　含有声母 t 的词语有：蟠桃、体温、半套、挣脱

　　含有声母 g 的词语有：肱骨、蜈蚣、勾股、武功

　　含有声母 k 的词语有：倥偬、悟空

二、【参考答案】

1. 声母组合模式相同的词语有：碧波、蚌埠、辨别、版本、标靶

　　符合该组合模式的词语还有：包庇、褒贬、冰雹

　　提示：本组词语只有"鞭炮"的声母组合模式为"b-p-"，其他词语的声母组合模式都是"b-b-"。

2. 声母组合模式相同的词语有：瞳孔、唐卡、调控、偷窥、头盔

　　符合该组合模式的词语还有：条款、坦克、痛哭

　　提示：本组词语只有"雕刻"的声母组合模式为"d-k-"，其他词语的声母组合模式都是"t-k-"。

3. 声母组合模式相同的词语有：梯度、通电、唐代、恬淡、徒弟

　　符合该组合模式的词语还有：土地、推断、妥当

　　提示：本组词语只有"倒退"的声母组合模式为"d-t-"，其他词语的声母组合模式都是"t-d-"。

4. 声母组合模式相同的词语有：表皮、爆破、变频、布匹、被骗

　　符合该组合模式的词语还有：鞭炮、奔跑、标牌

　　提示：本组词语只有"排比"的声母组合模式为" p-b-"，其他词语的声母组合模式都是" b-p-"。

5. 声母组合模式相同的词语有：镀钛、代替、答题、导体、低碳

　　符合该组合模式的词语还有：倒退、动态、独特

　　提示：本组词语只有"忐忑"的声母组合模式为" t-t-"，其他词语的声母组合模式都是" d-t-"。

6. 声母组合模式相同的词语有：功课、感慨、攻克、港口、概括

　　符合该组合模式的词语还有：孤苦、广阔、高考

　　提示：本组词语只有"开阔"的声母组合模式为" k-k-"，其他词语的声母组合模式都是" g-k-"。

专项提升：语句

开口

【参考答案】

1. B　　　　　2. B　　　　　3. A　　　　　4. A　　　　　5. A　　　　　6. B

动脑

【参考答案】

1. 声母是 b 的字有：板、变

　　声母是 p 的字有：拼

2. 声母是 d 的字有：地、洞、大、顶

　　声母是 t 的字有：土、塌

3. 声母是 g 的字有：广、格

　　声母是 k 的字有：控

4. 声母是 b 的字有：（无）

　　声母是 p 的字有：平

　　声母是 d 的字有：对、等、的

　　声母是 t 的字有：图

　　声母是 g 的字有：高、该、关

　　声母是 k 的字有：宽

5. 声母是 b 的字有：比、般、补

　声母是 p 的字有：（无）

　声母是 d 的字有：大、短、都、丁、的

　声母是 t 的字有：她、突

　声母是 g 的字有：高、褂、管

　声母是 k 的字有：裤、块

6. 声母是 b 的字有：八、百

　声母是 p 的字有：普

　声母是 d 的字有：到、的、都、当

　声母是 t 的字有：图、通

　声母是 g 的字有：古

　声母是 k 的字有：看

综合实践：语篇

综合实践一：专业材料朗读
材料一
一、【参考答案】

b	p	d
摆长、摆锤、并且、摆、摆动、保持、变、傅科摆	刻度盘、偏转	的、吊挂、圆顶、大厦、地面、刻度盘、当、摆动、地、地球

t	g	k
铁球	个、吊挂、高、公认	傅科、千克、刻度盘、看见、傅科摆

材料二

一、【参考答案】

b	p	d
被、比、怒不可遏、五百、不、博大、不平、必、便、逼	压迫、不平	的、得、地方、大、地、道、但、一旦、当、到、一定、程度、当年、剁、博大、死地、许多、地下、伟大

t	g	k
如钢似铁、她、图志、铁硬	如钢丝铁、更、个、光溜溜、深沟、柔中有刚、个性、性格、冲过	窟窟窍窍、坑、怒不可遏、宽厚、抗争、壶口、看、抗、看见

第6课 m、n、l

快速起步：单字

练耳

【录音文本】

1. 鞔 2. 镊 3. 搂 4. 妈 5. 面 6. 磷 7. 咛 8. 扪 9. 锰 10. 浪 11. 拈 12. 捞

【参考答案】

1. n 2. n 3. l 4. m 5. m 6. l 7. n 8. m 9. m 10. l 11. n 12. l

开口

【参考答案】

声母是 m 的字有：猫、幂、蛮、码

声母是 n 的字有：凝、暖、讷、捏

声母是 l 的字有：理、掠、拉、螺

动脑

【参考答案】

猫：猫毛 花猫	蛮：蛮横 野蛮	码：码头 砝码	幂：次幂 升幂
捏：捏造 揉捏	凝：凝固 冷凝水	暖：暖气 温暖	讷：木讷 口讷
拉：拉力 克拉	螺：螺旋桨 陀螺	理：理由 原理	掠：掠夺 拂掠

精准突破：词语

练耳

一、【录音文本】

1. 怒卷　　　　母线　　　　联盟　　　　黏膜
2. 嫩蓝　　　　闹铃　　　　两难　　　　冷凝
3. 内敛　　　　炼炉　　　　浓烈　　　　内陆

【参考答案】

1. 2 - 1 - 3 - 4
2. 1 - 3 - 4 - 2
3. 3 - 1 - 4 - 2

二、【录音文本】

1. 连累　　2. 褴褛　　3. 黎明　　4. 疤瘌　　5. 凝噎　　6. 拟合

【参考答案】

1. B　　　2. C　　　3. B　　　4. B　　　5. C　　　6. C

开口

一、【参考答案】

1. l m　　　　　2. n　　　　　3. m m　　　　　4. n l
5. l l　　　　　6. n l　　　　　7. n l　　　　　8. l
9. l l　　　　　10. l n　　　　　11. l n　　　　　12. n m

动脑

一、【参考答案】

含有声母 m 的词语有：匿名、名誉、厘米、黎明、弥合

含有声母 n 的词语有：匿名、栏内、男女、拟合、凝噎、年内、百衲

含有声母 l 的词语有：栏内、离合、厘米、囹圄、褴褛、连累、黎明、蓝绿、疤瘌、
　　　　　　　　　　白蜡

二、【参考答案】

1. 声母组合模式相同的词语有：牟利、淅沥、农历、物理、迷离

　　符合该组合模式的词语还有：砥砺、年轮、地理

　　提示：本组词语只有"莫逆"第二个音节的声母为"n"，其他词语第二个音节的声
　　　　　母都是"l"。

2. 声母组合模式相同的词语有：玛瑙、明年、模拟、磨难、母女

　　符合该组合模式的词语还有：木讷、马奶、面嫩

提示：本组词语只有"农贸"的声母组合模式为"n-m-"，其他词语的声母组合模式都是"m-n-"。

3. 声母组合模式相同的词语有：纳米、柠檬、匿名、糯米、耐磨

符合该组合模式的词语还有：那么、年末、农忙

提示：本组词语只有"木讷"的声母组合模式为"m-n-"，其他词语的声母组合模式都是"n-m-"。

4. 声母组合模式相同的词语有：能量、年轮、暖流、内陆、农历

符合该组合模式的词语还有：鸟类、尼龙、纳凉

提示：本组词语只有"牛奶"的声母组合模式为"n-n-"，其他词语的声母组合模式都是"n-l-"。

5. 声母组合模式相同的词语有：藏匿、便佞、奉纳、刁难、搓捻

符合该组合模式的词语还有：执拗、叮咛、油腻

提示：本组词语只有"蜂蜡"第二个音节的声母为"l"，其他词语第二个音节的声母都是"n"。

6. 声母组合模式相同的词语有：恼怒、拿捏、能耐、泥淖、呢喃

符合该组合模式的词语还有：泥泞、袅娜、难耐

提示：本组词语只有"老牛"的声母组合模式为"l-n-"，其他词语的声母组合模式都是"n-n-"。

专项提升：语句

开口

【参考答案】

1. A   2. C   3. A   4. C   5. A   6. A

动脑

【参考答案】

1. 声母是 m 的字有：明、幕、每、瞄

2. 声母是 n 的字：捏、男

3. 声母是 l 的字有：料、量

4. 声母是 m 的字有：面、幕

   声母是 n 的字有：能、暖

   声母是 l 的字有：零

5. 声母是 m 的字有：每、命

　　声母是 n 的字有：递

　　声母是 l 的字有：论

6. 声母是 m 的字有：麦

　　声母是 n 的字有：（无）

　　声母是 l 的字有：两、橹、里、绿、流、了

综合实践：语篇

综合实践一：专业材料朗读

材料一

一、【参考答案】

m	n	l
茂盛、埋、煤、煤层、地面	年、温暖、泥沙	两亿、大量、起来、了、露出

材料二

一、【参考答案】

m	n	l
知名、局面、民间	年轻、中年、采纳、晚年	鲁国、礼乐、小豆、列国、整理、了、垄断、有教无类、规律、系列、资料、后来、论语

第 7 课　f、h

快速起步：单字

练耳

【录音文本】

1.纷　2.斛　3.仿　4.赫　5.讳　6.哼　7.敷　8.吼　9.罚　10.火　11.饭　12.肥

【参考答案】

1. f　2. h　3. f　4. h　5. h　6. h　7. f　8. h　9. f　10. h　11. f　12. f

开口

【参考答案】

声母是 f 的字有：法、废、忿、繁、讽、孵

声母是 h 的字有：涸、晦、婚、环、海、轰

动脑

【参考答案】

孵：孵化　孵育	繁：繁荣　纷繁	法：法律　合法	忿：不忿　忿忿
轰：轰动　轰炸	涸：涸辙之鱼　干涸	海：海水　大海	晦：晦气　隐晦
婚：婚姻　结婚	环：环境　环绕	讽：讽刺　反讽	废：废除　荒废

精准突破：词语

练耳

一、【录音文本】

1. 积愤	减法	嫉恨	简化
2. 幅度	弧度	焕发	繁华
3. 热辐射	密封条	日环食	猕猴桃

【参考答案】

1. 1 - 3 - 4 - 2
2. 2 - 1 - 3 - 4
3. 3 - 1 - 4 - 2

二、【录音文本】

1. 函数	2. 束缚	3. 饮恨	4. 催化	5. 灰黑色	6. 荒芜

【参考答案】

1. A	2. C	3. C	4. B	5. C	6. A

开口

一、【参考答案】

1. h	2. h	3. f	4. f
5. f h	6. f h	7. f h	8. h h
9. h h h	10. h h	11. h f	12. f h

动脑

一、【参考答案】

含有声母 f 的词语有：翻书、银粉、房屋、束缚、仿佛、催发、伐树

含有声母 h 的词语有：黑灰色、催化、灰褐色、淬火、函数、倏忽、荒芜、饮恨、灰黑色

二、【参考答案】

1. 声母组合模式相同的词语有：浩瀚、惶惑、辉煌、恍惚、互惠

   符合该组合模式的词语还有：缓和、呵护、含糊

   提示：本组词语只有"画舫"的声母组合模式为"h-f-"，其他词语的声母组合模式都是"h-h-"。

2. 声母组合模式相同的词语有：划分、滑阀、毫伏、画风、恢复

   符合该组合模式的词语还有：花费、回复、回放

   提示：本组词语只有"复核"的声母组合模式为"f-h-"，其他词语的声母组合模式都是"h-f-"。

3. 声母组合模式相同的词语有：发还、防护、符合、负荷、孵化

   符合该组合模式的词语还有：分红、发挥、丰厚

   提示：本组词语只有"横幅"的声母组合模式为"h-f-"，其他词语的声母组合模式都是"f-h-"。

4. 声母组合模式相同的词语有：纷繁、返还、防寒、分号、奋发

   符合该组合模式的词语还有：分离、发音、繁盛

   提示：本组词语只有"昏黄"第一个音节的声母为"h"，其他词语第一个音节的声母都是"f"。

5. 声母组合模式相同的词语有：方法、丰富、防腐、反复、负分

   符合该组合模式的词语还有：防风、狒狒、防范

   提示：本组词语只有"发挥"的声母组合模式为"f-h-"，其他词语的声母组合模式都是"f-f-"。

6. 声母组合模式相同的词语有：烘托、荤腥、槐荫、弘毅、涵洞

   符合该组合模式的词语还有：撼动、贿赂、荒野

   提示：本组词语只有"拱门"第一个音节的声母为"g"，其他词语第一个音节的声母都是"h"。

专项提升：语句

开口

【参考答案】

1. B 　　2. A 　　3. B 　　4. C 　　5. C 　　6. A

动脑

【参考答案】

1. 声母是 f 的字有：分

2. 声母是 h 的字有：忽、荷、花

3. 声母是 f 的字有：肥

　　声母是 h 的字有：火、灰、好

4. 声母是 f 的字有：防

　　声母是 h 的字有：护、害

5. 声母是 f 的字有：（无）

　　声母是 h 的字有：互、护

6. 声母是 f 的字有：发、粉、复

　　声母是 h 的字有：合、和、化

综合实践：语篇

综合实践一：专业材料朗读

材料一

一、【参考答案】

f	h
养分、施肥、缺乏、氮肥、磷肥、钾肥、肥料、化肥、分、复合肥	化学、含、化肥、复合肥

材料二

一、【参考答案】

f	h
浮想联翩、发现、放、工夫	后来、连环画、爱好、七色花、刘胡兰、和、文化站、很、囫囵吞枣、悲欢离合

第8课 j、q、x

快速起步：单字

练耳

【录音文本】

1.权 2.贾 3.项 4.稀 5.阙 6.纠 7.小 8.巡 9.浅 10.切 11.菊 12.径

【参考答案】

1.q 2.j 3.x 4.x 5.q 6.j 7.x 8.x 9.q 10.q 11.j 12.j

开口

【参考答案】

声母是 j 的字有：窘、羁、酱、节

声母是 q 的字有：秦、歉、取、倾

声母是 x 的字有：硝、雪、锈、霞

动脑

【参考答案】

羁：羁绊 放荡不羁	节：节日 节约	窘：窘迫 困窘	酱：果酱 酱油
倾：倾斜 前倾	秦：先秦 秦朝	取：取得 采取	歉：歉意 道歉
硝：硝石 芒硝	霞：霞光 彩霞	雪：雪地 下雪	锈：生锈 铁锈

精准突破：词语

练耳

一、【录音文本】

1.泣血	甲醛	戏谑	加权
2.激越	契约	幸好	信号
3.碳纤维	相似比	野蔷薇	检视表

【参考答案】

1. 3-1-4-2

2. 1-2-3-4

3. 1-3-2-4

二、【录音文本】

1.解析 2.矫健 3.劝慰 4.行为 5.修省 6.镌刻

【参考答案】

1.A 2.B 3.A 4.C 5.C 6.C

开口

一、【参考答案】

1. q x	2. j j	3. j j	4. q
5. j x	6. j x q	7. x q j	8. j x
9. x q j x	10. q j	11. j x q j	12. x x

动脑

一、【参考答案】

含有声母 j 的词语有：机械、脚尖、酒精、界限、稿件、镌刻、矫健、解析、经纬、究竟

含有声母 q 的词语有：劝慰、轻微、犬科、权威

含有声母 x 的词语有：机械、修省、选课、界限、行为、解析

二、【参考答案】

1. 声母组合模式相同的词语有：粳米、校订、精湛、竣工、拮据

   符合该组合模式的词语还有：迥异、津贴、矜持

   提示：本组词语只有"哽咽"第一个音节的声母为"g"，其他词语第一个音节的声母都是"j"。

2. 声母组合模式相同的词语有：曲线、球心、倾向、权限、迁徙

   符合该组合模式的词语还有：清晰、气息、切线

   提示：本组词语只有"相切"的声母组合模式为"x-q-"，其他词语的声母组合模式都是"q-x-"。

3. 声母组合模式相同的词语有：区间、秋季、器具、清洁、全景

   符合该组合模式的词语还有：青椒、敲击、群居

   提示：本组词语只有"细菌"的声母组合模式为"x-j-"，其他词语的声母组合模式都是"q-j-"。

4. 声母组合模式相同的词语有：线圈、学期、吸取、下棋、嫌弃

   符合该组合模式的词语还有：序曲、校庆、喜鹊

   提示：本组词语只有"幸亏"的声母组合模式为"x-k-"，其他词语的声母组合模式都是"x-q-"。

5. 声母组合模式相同的词语有：好像、混淆、呼吸、航行、幻想

   符合该组合模式的词语还有：或许、害羞、横线

   提示：本组词语只有"行星"的声母组合模式为"x-x-"，其他词语的声母组合模式都是"h-x-"。

6. 声母组合模式相同的词语有：萧瑟、卸责、旋即、携手、盱眙

　　符合该组合模式的词语还有：虚荣、漩涡、喧哗

　　提示：本组词语只有"迂回"第一个音节是零声母，其他词语第一个音节的声母都
　　　　　是"x"。

专项提升：语句

开口

【参考答案】

1. C　　　　2. C　　　　3. B　　　　4. C　　　　5. C　　　　6. A

动脑

【参考答案】

1. 声母是 j 的字有：距、镜、间

2. 声母是 q 的字有：清、强

3. 声母是 x 的字有：学、惜、选

4. 声母是 j 的字有：巨、家、稼

　声母是 q 的字有：期

　声母是 x 的字有：献、鲜、学、先

5. 声母是 j 的字有：积、减

　声母是 q 的字有：气、其、强

　声母是 x 的字有：下、小

6. 声母是 j 的字有：接、鸡、记

　声母是 q 的字有：去、清

　声母是 x 的字有：香

综合实践：语篇

综合实践一：专业材料朗读

材料一

一、【参考答案】

j	q	x
尽管、已经、了解、实际、汇聚、承接、眼睛	区别、起来、却、而且、并且	现象、实像、虚像、联系、光线、反向、延长线

材料二

一、【参考答案】

j	q	x
紧、立即、安静、角落、就、激烈、觉得、捡、记得	有趣、荡来荡去、去、生气、前面、钳子、翘、起来	小、虾、互相、那些、休息、向、像、细长、胡须、闲游、些、小溪、一些、喜欢、下面

第9课　z、c、s

快速起步：单字

练耳

【录音文本】

1.操　2.曾　3.寸　4.咱　5.造　6.算　7.彩　8.绥　9.祖　10.擦　11.淄　12.梭

【参考答案】

1.s　2.c　3.c　4.z　5.z　6.s　7.c　8.s　9.z　10.c　11.z　12.s

开口

【参考答案】

声母是 z 的字有：贼、作、栽、籽

声母是 c 的字有：草、淬、蚕、沧

声母是 s 的字有：森、损、讼、俗

动脑

【参考答案】

栽：栽培　盆栽　　　贼：贼眉鼠眼　盗贼　　籽：草籽　菜籽　　作：作用　创作

沧：沧浪　沧海桑田　蚕：蚕丝　蚕豆　　　草：草书　潦草　　淬：淬火　淬炼

森：森林　阴森　　　俗：俗语　习俗　　　损：损失　损害　　讼：罟讼　诉讼

精准突破：词语

练耳

一、【录音文本】

1. 色彩　　　瓶子　　　平仄　　　醋酸
2. 咳嗽　　　厕所　　　合奏　　　岁首
3. 三人行　　散热器　　杂物箱　　紫外线

【参考答案】

1. 4-1-3-2
2. 3-1-4-2
3. 1-2-3-4

二、【录音文本】

1. 四季　　2. 阻塞　　3. 磁极　　4. 葱丝　　5. 次幂　　6. 镏铢

【参考答案】

1. A　　2. B　　3. B　　4. B　　5. B　　6. A

开口

一、【参考答案】

1. c s　　　　2. s　　　　3. c z　　　　4. z s
5. z z　　　　6. c c　　　　7. s　　　　8. z
9. s z s　　　10. s c　　　11. c z z　　　12. s c

动脑

一、【参考答案】

含有声母 z 的词语有：阻塞、镏铢、松子

含有声母 c 的词语有：葱丝、次幂、刺激、测速、催眠、侧面、瓷器、辞书、磁极、从此

含有声母 s 的词语有：葱丝、私塾、司机、阻塞、测速、色素、四极、松子、四季

二、【参考答案】

1. 声母组合模式相同的词语有：智叟、记诵、平素、酒肆、罂粟

符合该组合模式的词语还有：超速、哆嗦、伸缩

提示：本组词语只有"拦阻"第二个音节的声母为"z"，其他词语第二个音节的声母都是"s"。

2. 声母组合模式相同的词语有：挫损、醋酸、厕所、测算、蚕丝

符合该组合模式的词语还有：葱丝、草酸、测速

提示：本组词语只有"色彩"的声母组合模式为"s-c-"，其他词语的声母组合模式都是"c-s-"。

3. 声母组合模式相同的词语有：塑造、色泽、宿醉、算作、碎钻

符合该组合模式的词语还有：嗓子、私自、四则

提示：本组词语只有"紫苏"的声母组合模式为"z-s-"，其他词语的声母组合模式都是"s-z-"。

4. 声母组合模式相同的词语有：磁铁、粗盐、测量、参数、磁场

符合该组合模式的词语还有：彩色、刺激、淬火

提示：本组词语只有"陶瓷"是第二个音节的声母为"c"，其他词语都是第一个音节的声母为"c"。

5. 声母组合模式相同的词语有：造字、自尊、藏族、在座、坐姿

符合该组合模式的词语还有：早走、足足、罪责

提示：本组词语只有"杂记"的声母组合模式为"z-j-"，其他词语的声母组合模式都是"z-z-"。

6. 声母组合模式相同的词语有：随俗、酸楚、速记、塑形、搜集

符合该组合模式的词语还有：颂歌、桑拿、思考

提示：本组词语只有"祖籍"第一个音节的声母为"z"，其他词语第一个音节的声母都是"s"。

专项提升：语句

开口

【参考答案】

1. C　　　2. A　　　3. A　　　4. A　　　5. A　　　6. B

动脑

【参考答案】

1. 声母是 z 的字有：子、自

2. 声母是 c 的字有：翠、参、差

3. 声母是 s 的字有：撕、碎

4. 声母是 z 的字有：在、最

　声母是 c 的字有：蚕、从

　声母是 s 的字有：死

5. 声母是 z 的字有：做

　声母是 c 的字有：参、此

　声母是 s 的字有：所

6. 声母是 z 的字有：作

　声母是 c 的字有：醋、刺

　声母是 s 的字有：酸

综合实践：语篇

综合实践一：专业材料朗读

材料一

一、【参考答案】

z	c	s
原子核、电子、原子、最、左、增加、族、增多	电子层、外层、从、依次	元素、相似

材料二

一、【参考答案】

z	c	s
在、自己、尊重、自主、选择、做、自发	凑十、册、教材、措施、采用	计算、算法、所谓、探索、算理

第 10 课　zh、ch、sh、r

快速起步：单字

练耳

【录音文本】

1.喘　2.儒　3.冢　4.岔　5.射　6.扔　7.抻　8.扰　9.甩　10.濯　11.橼　12.筛

【参考答案】

1. zh　2. r　3. zh　4. ch　5. sh　6. r　7. ch　8. r　9. sh　10. zh　11. ch　12. sh

开口

【参考答案】

声母是 zh 的字有：展、榨、蒸

声母是 ch 的字有：戳、畜、稠

声母是 sh 的字有：摔、驶、韶

声母是 r 的字有：蕊、韧、熔

动脑

【参考答案】

蒸：蒸馏　水蒸气	熔：熔化　熔炉	展：展开　拓展	榨：榨菜　压榨
戳：邮戳　戳穿	稠：黏稠　稠密	蕊：蕊黄　花蕊	畜：畜类　六畜
摔：摔倒　破罐破摔	韶：韶华　韶光	驶：行驶　驾驶	韧：韧带　柔韧

精准突破：词语

练耳

一、【录音文本】

1. 尘嚣　　　　手术　　　　哂笑　　　　踌躇

2. 踟蹰　　　　烧碱　　　　潮解　　　　支轴

3. 日出　　　　支流　　　　认输　　　　滞留

【参考答案】

1. ⑵-⑷-⑶-⑴

2. ⑶-⑵-⑴-⑷

3. ⑴-⑶-⑷-⑵

二、【录音文本】

  1. 荏苒　　　2. 折射　　　3. 升华　　　4. 矗立　　　5. 展示　　　6. 潸然

【参考答案】

  1. C　　　　2. B　　　　3. B　　　　4. A　　　　5. A　　　　6. C

开口

一、【参考答案】

1. sh ch	2. zh r	3. sh r	4. ch sh
5. zh r sh	6. zh ch	7. zh r	8. ch sh
9. ch sh r	10. zh zh ch zh	11. zh sh sh	12. r ch sh

动脑

一、【参考答案】

    含有声母 zh 的词语有：伫立、沾染、折射、指示、致使、展示

    含有声母 ch 的词语有：阐释、矗立、传染

    含有声母 sh 的词语有：深化、膳食、折射、指示、阐释、潸然、致使、守恒、展示、升华、树立

    含有声母 r 的词语有：沾染、忍让、仍然、潸然、荏苒、传染

二、【参考答案】

  1. 声母组合模式相同的词语有：深入、生日、湿润、诗人、衰弱

    符合该组合模式的词语还有：输入、瘦弱、胜任

    提示：本组词语只有"骤然"的声母组合模式为"zh-r-"，其他词语的声母组合模式都是"sh-r-"。

  2. 声母组合模式相同的词语有：染料、冉冉、饶恕、妊娠、蠕动

    符合该组合模式的词语还有：闰月、辱没、儒学

    提示：本组词语只有"嗜好"第一个音节的声母为"sh"，其他词语第一个音节的声母都是"r"。

  3. 声母组合模式相同的词语有：轴承、涨潮、直尺、筑巢、整除

    符合该组合模式的词语还有：侦查、智齿、正常

    提示：本组词语只有"蟾蜍"的声母组合模式为"ch-ch-"，其他词语的声母组合模式都是"zh-ch-"。

4. 声母组合模式相同的词语有：试纸、设置、树脂、数值、失重

符合该组合模式的词语还有：始终、烧制、水质

提示：本组词语只有"筛查"的声母组合模式为"sh-ch-"，其他词语的声母组合模式都是"sh-zh-"。

5. 声母组合模式相同的词语有：箴言、张弛、拯救、毡鞋、执掌

符合该组合模式的词语还有：止痛、灼灼、谪守

提示：本组词语只有"成长"第一个音节的声母为"ch"，其他词语第一个音节的声母都是"zh"。

6. 声母组合模式相同的词语有：惆怅、冲程、驰骋、差池、拆穿

符合该组合模式的词语还有：长城、传承、超常

提示：本组词语只有"周长"的声母组合模式为"zh-ch-"，其他词语的声母组合模式都是"ch-ch-"。

专项提升：语句

开口

【参考答案】

1. B   2. C   3. C   4. A   5. B   6. C

动脑

【参考答案】

1. 声母是 zh 的字有：中、舟、周、钟

2. 声母是 ch 的字有：成、潮

3. 声母是 sh 的字有：树、少、士

4. 声母是 r 的字有：锐

5. 声母是 zh 的字有：至、只、着、直、支

　　声母是 ch 的字有：撑

　　声母是 sh 的字有：是、身、姍

　　声母是 r 的字有：任

6. 声母是 zh 的字有：至、者

　　声母是 ch 的字有：冲、出、重、成

　　声母是 sh 的字有：甚

　　声母是 r 的字有：染

综合实践：语篇

综合实践一：专业材料朗读

材料一

一、【参考答案】

zh	ch	sh	r
沿着、直线、折叠、这、轴对称、对称轴、对折、找到、寻找	重合、成、轴对称、对称轴、对称点、观察	说、是、使得	如果、若

材料二

一、【参考答案】

zh	ch	sh	r
如释重负、这个、种、真、重大、中、知道、这、这些、找、之、正	久长、苦处、乐处、处处	说、如释重负、是、上、石头、时候、时、事、人生、受、时时	如释重负、人、形容、责任、日子、人生、人间、入